JORGE BUCAY

EL CAMINO DEL ENCUENTRO

COLECCIÓN HOJAS DE RUTA

JORGE BUCAY

EL CAMINO DEL ENCUENTRO

COLECCIÓN HOJAS DE RUTA

JORGE BUCAY

Editorial Sudamericana / DEL NUEVO EXTREMO

Primera edición: junio de 2001
Séptima edición: enero de 2002

Derechos exclusivos para Uruguay, Argentina, Chile, Paraguay y Bolivia

IMPRESO EN LA ARGENTINA

y Editorial Del Nuevo Extremo S.A.
Juncal 4651 C1425BAE, Buenos Aires, Argentina
tel/fax: (54 11) 4773-3228 / 8445 fax: (54 11) 4773-5720
editorial@delnuevoextremo.com
www.delnuevoextremo.com

ISBN 950-07-2066-3

a
Héctor
Ioschúa
Chrystian
Julia
y Miguel

por haberme enseñado
el amor que conlleva
la amistad

ÍNDICE

INTRODUCCIÓN

HOJAS DE RUTA

Seguramente hay un rumbo
posiblemente
y de muchas *maneras*
personal y único.

Posiblemente haya un rumbo
seguramente
y de muchas *maneras*
el mismo para todos.

Hay un rumbo seguro
y de alguna manera posible.

De *manera* que habrá que encontrar ese rumbo y empezar a recorrerlo. Y *posiblemente* habrá que arrancar solo y sorprenderse al encontrar, más adelante en el camino, a todos los que *seguramente* van en la misma dirección.

Este rumbo último, solitario, personal y definitivo, sería bueno no olvidarlo, es nuestro puente hacia los demás, el único punto de conexión que nos une irremediablemente al mundo de lo que es.

Llamemos al destino final como cada uno quiera: felicidad, autorrealización, elevación, iluminación, darse cuenta, paz, éxito, cima o simplemente final... lo mismo da. Todos sabemos que arribar con bien allí es nuestro desafío.

Habrá quienes se pierdan en el trayecto y se condenen a llegar un poco tarde, y habrá también quienes encuentren un atajo y se transformen en expertos guías para los demás.

Algunos de estos guías me han enseñado que hay muchas formas de llegar, infinitos accesos, miles de maneras, decenas de rutas que nos llevan por el rumbo correcto. Caminos que transitaremos uno por uno. Sin embargo, hay algunos caminos que forman parte de todas las rutas trazadas.

Caminos que no se pueden esquivar.

Caminos que habrá que recorrer si uno pretende seguir.

Caminos donde aprenderemos lo que es imprescindible saber para acceder al último tramo.

Para mí, estos caminos inevitables son cuatro:

> **El primero,** el camino de la aceptación definitiva de la responsabilidad sobre la propia vida, que yo llamo
> **El camino de la Autodependencia** [1]

> **El segundo,** el camino del descubrimiento del otro, del amor y del sexo, que llamo
> **El camino del Encuentro** [2]

> **El tercero,** el camino de las pérdidas y de los duelos, que llamo
> **El camino de las Lágrimas**

> **El cuarto y último,** el camino de la completud y de la búsqueda del sentido, que llamo
> **El camino de la Felicidad.**

A lo largo de mi propio viaje he vivido consultando los apuntes que otros dejaron de sus viajes y he usado parte de mi tiempo en trazar mis propios mapas del recorrido.

Mis mapas de estos cuatro caminos se constituyeron en estos años en hojas de ruta que me ayudaron a retomar el rumbo cada vez que me perdía.

Quizás estas *Hojas de Ruta* puedan servir a algunos de los que, como yo, suelen perder el rumbo, y quizás, también, a aquellos que sean capaces de encontrar atajos. De todas maneras, el mapa nunca es el territorio y habrá que ir corrigiendo el recorrido cada vez que nuestra propia experiencia encuentre un error del cartógrafo. Sólo así llegaremos a la cima.

Ojalá nos encontremos allí.
Querrá decir que ustedes han llegado.
Querrá decir que lo conseguí también yo...

JORGE BUCAY

LA PARÁBOLA DEL CARRUAJE II

Integrados como un todo, mi carruaje, los caballos, el cochero y yo (como me enseñaron a llamarle al pasajero), recorrimos con cierto trabajo el primer tramo del camino. A medida que avanzaba cambiaba el entorno: por momentos árido y desolador, por momentos florido y confortante; cambiaban las condiciones climáticas y el grado de dificultad del sendero: a veces suave y llano, otras áspero y empinado, otras resbaladizo y en pendiente; cambiaban, por fin, mis condiciones anímicas: aquí sereno y optimista, antes triste y cansado, más allá fastidioso y enojado.

Ahora, al final de este tramo, siento que en realidad los únicos cambios importantes eran estos últimos, los internos, como si los de afuera dependieran de éstos o simplemente no existieran.

Detenido por un momento a contemplar las huellas dejadas atrás, me siento satisfecho y orgulloso; para bien y para mal, mis triunfos y mis frustraciones me pertenecen.

Sé que una nueva etapa me espera, pero no ignoro que podría dejar que me esperara para siempre sin siquiera sentirme un poco culpable. Nada me obliga a seguir adelante, nada que no sea mi propio deseo de hacerlo.

Miro hacia adelante. El sendero me resulta atractivamente invitante. Desde el comienzo veo que el trayecto está lleno de colores infinitos y formas nuevas que despiertan mi curiosidad.

Mi intuición me dice que también debe estar lleno de peligros y dificultades pero eso no me frena, ya sé que cuento con todos mis recursos y que con ellos será suficiente para enfrentar cada peligro y traspasar cada dificultad. Por otra parte, he aprendido definitivamente que soy vulnerable pero no frágil.

Sumido en el diálogo interno, casi ni me doy cuenta de que he empezado a recorrerlo.

Disfruto mansamente del paisaje... y él, se diría, disfruta de mi paso, a juzgar por su decisión de volverse a cada instante más hermoso.

De pronto, a mi izquierda, por un sendero paralelo al que recorro, percibo una sombra que se mueve por detrás de unos matorrales.

Presto atención. Más adelante, en un claro, veo que es otro carruaje que por su camino avanza en mi misma dirección.

Me sobresalta su belleza: la madera oscura, los bronces brillantes, las ruedas majestuosas, la suavidad de sus formas torneadas y armónicas...

Me doy cuenta de que estoy deslumbrado.

Le pido al cochero que acelere la marcha para ponernos a la par. Los caballos corcovean y desatan el trote. Sin que nadie lo indique, ellos solos van acercando el carruaje al borde izquierdo como para acortar distancias.

El carruaje vecino también es tirado por dos caballos y también tiene un cochero llevando las riendas. Sus caballos y los míos acompasan su trote espontáneamente, como si fueran una sola cuadrilla. Los cocheros parecen haber encontrado un buen momento para descansar porque ambos acaban de acomodarse en el pescante y con la mirada perdida sostienen relajadamente las riendas dejando que el camino nos lleve.

Estoy tan encantado con la situación que solamente un largo rato después descubro que el otro carruaje también lleva un pasajero.

No es que pensara que no lo llevaba, sólo que no lo había visto.

Ahora lo descubro y lo miro. Veo que él también me está mirando. Como manera de hacerle saber mi alegría le sonrío y él, desde su ventana, me saluda animadamente con la mano.

Devuelvo el saludo y me animo a susurrarle un tímido "Hola". Misteriosamente, o quizás no tanto, él escucha y contesta:

—Hola. ¿Vas hacia allá?

—Sí —contesto con una sorprendente (para mí mismo) alegría—. ¿Vamos juntos?

—Claro —me dice—, vamos.

Yo respiro profundo y me siento satisfecho.

En todo el camino recorrido no había encontrado nunca a un compañero de ruta.

Me siento feliz sin saber por qué y, lo más interesante, sin ningún interés especial en saberlo.

PARTE I

HISTORIA

IMPORTANCIA DEL ENCUENTRO EN EL MUNDO ACTUAL

*Padecemos una especie de
subdesarrollo emocional que nos
impulsa a ciertas conductas
autodestructivas, tanto en
nuestra vida pública como en
la privada.
Nos urge encontrar un camino
que nos permita hallar una
manera de ser más sanos, y ese
camino está íntimamente
relacionado con el amor y la
espiritualidad. El amor es el mejor símbolo de la
salud del hombre,
es todo lo opuesto de la agresión,
del miedo y de la paranoia,
que a su vez representan
la patología que nos desune.*

Claudio Naranjo (*Clan*, 1984)

Cuando pienso en la palabra <u>encuentro</u> en el sentido en que la cito en todo este libro, la asocio a la idea del descubrimiento, la construcción y la repetitiva revelación de un <u>nosotros</u> que trasciende la estructura del yo. Esta creación del nosotros adiciona un sorprendente valor a la simple suma aritmética del Tú y Yo.

Sin encuentro no hay salud. Sin la existencia de un Nosotros, nuestra vida está vacía aunque nuestra casa, nuestra baulera y nuestra caja de seguridad estén llenas de costosísimas posesiones.

Y sin embargo, el bombardeo mediático nos incentiva a llenar nuestras casas, nuestras bauleras y nuestras cajas de seguridad de estas cosas y nos sugiere que las otras son sentimentales y anticuadas.

Los escépticos intelectuales, ocupantes del lugar del supuesto saber, están siempre dispuestos a ridiculizar y menospreciar a los que seguimos hablando desde el corazón, desde la panza o desde el alma, a aquellos que hablamos más de emociones que de pensamientos, más de espiritualidad que de gloria y más de felicidad que de éxito.

Si alguien habla del amor es un inmaduro, si dice que es feliz es un ingenuo o un frívolo, si es generoso es sospechoso, si es confiado es un tonto y si es optimista es un idiota. Y si acaso apareciera como una mezcla de todo eso, entonces los falsos dueños del conocimiento, asociados involuntarios del consumismo diletante, dirán que es un farsante, un improvisado y poco serio mercachifle (un chanta, como se dice en la Argentina).

Muchos de estos jerarquizados pensadores configuran a veces la peor de las aristocráticas y sofisticadas estirpes de aquellos que se muestran demasiado "evolucionados" como para admitir su propia confusión o infelicidad.

Otros están totalmente atrapados en su identidad y no están dispuestos a salir de su aislamiento por temor a que se descubra su falta de compromiso con el común de la gente.

A casi todos, seguramente, protegidos detrás de las murallas de su vanidad, les resulta difícil aceptar que otros, desde recorridos totalmente diferentes, propongan soluciones también diferentes.

Y sin embargo ya no se puede sostener el desmerecimiento de los vínculos y de la vida emocional. Cada vez más la ciencia aporta datos sobre la importancia que tiene para la preservación y recuperación de la salud el contacto y el fluir de nuestra vida afectiva y lo Necesaria que es la vivencia vincular con los otros. Las investigaciones y los escritos de Carl Rogers, Abraham Maslow, Margaret Mead, Fritz Perls, David Viscott, Melanie Klein, Desmond Morris, y más recientemente Dethlefsen-Dahlke, Buscaglia, Goleman, Watzlawick, Bradshaw, Dyer y Satir, agregados a las impresionantes exploraciones y descubrimientos de Larry Dossey, nos obligan a replantear nuestros primitivos esquemas racionales de causa y efecto que la medicina y la psicología utilizaron tradicionalmente para explicar la salud y la enfermedad.

Sin embargo, si miramos a nuestro alrededor y en nuestro interior podremos percibir la ansiedad y la inquietud (cuando no el miedo) que despierta un posible encuentro nuevo. ¿Por qué? En parte, porque todo encuentro evoca una cuota de ternura, de compasión, de ensamble, de mutua influencia, de trascendencia y, por ende, de responsabilidad y compromiso.

Pero también, y sobre todo, porque significa la posibilidad de enfrentarse con los más temidos de todos los fantasmas, quizás los únicos que nos asustan todavía más que el de la soledad: el fantasma del rechazo y el fantasma del abandono.

Por miedo o por condicionamientos, lo cierto es que tenemos una creciente dificultad para encontrarnos con conocidos y desconocidos.

El modelo de pareja o de familia perdurable es, cada vez más, la excepción en lugar de la regla. Las amistades y matrimonios de toda una vida han quedado por lo menos "pasados de moda".

Los encuentros ocasionales sin involucración y los intercambios sexuales descomprometidos son aceptados sin sorpresa y hasta recomendados por profesionales y legos como símbolo de una supuesta conducta más libre y evolucionada.

El individualismo es presentado como el enemigo del pensamiento social, sobre todo por aquellos mezquinos que en el fondo desprecian las estructuras sociales o se aferran a ellas con una especie de fundamentalismo solidario que legisla lo que no sabe cómo enseñar.

Las estadísticas no son halagadoras. En nuestro país, en el quinquenio 1993-1998 hubo tantos divorcios como casamientos. Casi la mitad de los niños de las grandes ciudades vive en hogares donde está ausente uno de sus padres biológicos, cifra que seguramente irá en ascenso si, como se prevé, dos de cada tres nuevos matrimonios terminará en divorcio.

Y las estadísticas de patología individual no son menos inquietantes: aumentos de índices de depresión en jóvenes y ancianos, crecimiento de las conductas de aislamiento, falta de oferta de grupos de encuentro y menos programas de actividades posibles para personas solas cada año.

Con ayuda o sin ella, las relaciones de pareja son cada vez más conflictivas, las relaciones de padres e hijos cada vez más enfrentadas, las relaciones entre hermanos cada vez menos sólidas, y la relación con nuestros colegas y compañeros de trabajo cada vez más competitiva.

Al decir de Allan Fromme, *nuestras ciudades con sus altísimos edificios y su enorme superpoblación son el mayor caldo de cultivo para el aislamiento. No hay lugar más solitario que la ciudad de Nueva York un día de semana a la hora pico, rodeado de veinte millones de seres que también están solos.*

Nosotros somos los responsables de resolver y cambiar esta situación para quienes nos siguen y para nosotros mismos.

Pensar y repensar lo complejo de la relación entre dos o más individuos únicos, distintos y autodependientes que deciden construir un vínculo trascendente es el desafío de este camino.

Quienes se animen a recorrerlo deberán estar preparados para soportar las acusaciones de aquellos que todavía no lo han recorrido y de los que nunca lo recorrerán, quienes los tildarán, en el mejor de los casos, de soñadores y sentimentales.

Aprender a vivir en relación con otros es una tarea difícil, se podría decir artesanal, que requiere de técnicas delicadas y específicas que se deben adquirir y practicar antes de utilizarlas adecuadamente, del mismo modo que un cirujano no puede operar después de haber aprobado cirugía, un constructor requiere de entrenamiento antes de levantar un gran edificio y un cheff debe practicar durante años para encontrar la mejor forma de cocinar su plato preferido.

Y esto es, entre otras cosas, porque cada uno de nosotros es un gran enigma y por ende nuestras relaciones son un misterio, gracioso o dramático, pero siempre impredecible.

Leo Buscaglia cuenta de un joven que, decidido a aprender a relacionarse mejor con las jóvenes de su curso universitario, se dirige a una librería y busca bibliografía que lo ayude. En un estante perdido en el fondo de la librería encuentra un libro cuyo título lo atrapa, se llama *Desde abrazar hasta amar*. El joven compra el grueso volumen y sólo al llegar a la casa se da cuenta de que ha comprado el tomo 2 de una enciclopedia.

Alguna vez escribí [3] que leer un libro era como encontrarse con una persona. Decía yo que había libros sorprendentes y libros aburridos, libros para leer una sola vez y libros a los que uno siempre quisiera volver; libros, al fin, más nutricios que otros. Hoy, veinte años después, digo lo mismo desde otro lugar:

Encontrarse con otro es como leer un libro.

Bueno, regular, malo, cada encuentro con un otro me nutre, me ayuda, me enseña. No es la maldad, la inadecuación ni la incompetencia del prójimo lo que hace que una relación fracase.

El fracaso, si es que queremos llamarlo así, es la expresión que usamos para decir que el vínculo ha dejado de ser nutritivo para alguno de los dos. (No somos para todos todo el tiempo ni todos son para nosotros todo el tiempo.)

Cada uno de los encuentros en mi vida ha sido como cada libro que leí: una lección de vida que me condujo a ser este que soy.

EL HOMBRE: NATURALEZA SOLITARIA O VIDA SOCIAL

Como se sabe, filosofía significa ante todo preguntas y, a veces, algunas respuestas siempre provisorias, nunca definitivas.

Los filósofos empezaron a pensar modernamente sobre el sentido de la vida en sociedad alrededor del siglo XV, cuando la verdad dejó de ser propiedad exclusiva del pensamiento escolástico y, por tanto, de los hombres ligados a la Iglesia. Cancelado el monopolio y aquietada la persecución del pensamiento ilustrado, cada libre pensador empujó a otros a acordar y a desacordar, a desarrollar o a confrontar las nuevas ideas sociales y políticas. Así se fue configurando un entramado de diferentes posiciones sobre el porqué y el para qué de la relación del hombre con el grupo social en el que se inserta.

La filosofía se vio forzada entonces a plantear la discusión sobre la esencia del ser humano.

Durante los primeros doscientos años de Ilustración, los filósofos parecen acordar que la sociedad y la moral van en contra de la naturaleza humana; porque dicha naturaleza es solitaria, egoísta y anárquica.

Este punto es fundamental, porque a partir de esa idea queda establecido "oficialmente" que si bien la moral está muy bien la sociedad está muy bien y el control está muy bien... nada de eso es natural. Lo natural, advierten la mayoría de los filósofos, es la lucha del individuo por autoabastecerse, el intento de no depender de nadie. La naturaleza humana, se sostiene, sólo se fija en lo que necesita, en lo que le importa, en lo que mezquinamente desea. Todas las demás conductas, sobre todo las "sociales", son una creación del hombre civilizado y, por lo tanto, antinaturales.

A finales del siglo XVI, Montaigne (1533-1592) ya sostenía que *El hombre vive en sociedad porque lo necesita y no porque le agrade hacerlo.* Sostiene que si dejáramos al hombre librado a su propio deseo, él preferiría estar solo; cuando el ser humano convive lo hace en un intento de aunar fuerzas para enfrentar la búsqueda de su propio bienestar. A cambio de recibir el apoyo, la ayuda o la fuerza que le dan los otros, el hombre acepta pagar el precio de renunciar a muchos de sus deseos personales. Montaigne propone: *Desatemos los lazos que nos atan a los otros y los que los atan a ellos a nosotros para que cada uno pueda vivir a su modo, y conseguir entonces que su satisfacción dependa de sí mismo.*

La idea de la naturaleza independiente dominó la historia de la filosofía moderna signando la búsqueda de la esencia de cada uno: el ser independiente sin ataduras con nadie. Montaigne es el primer filósofo que dice que la dependencia no sirve porque nos ubica en lugares complicados respecto de los demás.

Si Montaigne ponía el acento en desatarnos, en abolir la dependencia, Pascal aporta una mirada analítica: *No importa si nos desatamos o no, no se trata de lo que hacemos sino de establecer el porqué lo hacemos. Lo que sucede es que no estamos satisfechos con la vida que llevamos, y entonces nos juntamos para vivir un poco la vida de los otros. Queremos vivir <u>en</u> la vida de los demás y por eso nos esforzamos en que los otros nos acepten.*

Según Pascal (1623-1662), esta dependencia es parte de nuestra miseria y deberíamos deshacernos de ella. Él cree que nos quedamos colgados de la vida de los demás justamente porque no estamos llegando a ser lo que deberíamos ser.

La Bruyère (1645-1696), como vimos, cree que el ser humano es ermitaño por naturaleza y que lo social y lo gregario aparecen como creaciones humanas. Y sus ideas establecieron lo siguiente:

Al individuo no le gusta compartir la presa que cazó, pero la comparte porque la sociabilidad se ha vuelto para él una regla que acordamos por una u otra razón. La naturaleza humana no sólo es egoísta, sino más aún insaciable y solitaria.

A partir de esta idea de la esencia solitaria del ser humano, aceptada con más o menos agrado en la época, aparecen dos posturas filosóficas totalmente diferentes: una dice que hay que <u>combatir</u> esa tendencia porque es perjudicial para la sociedad y otra opina que hay que <u>glorificarla</u> y darle más fuerza. Para unos, lo ideal tiene que someterse a lo real; para los otros, lo real debe someterse a lo ideal.

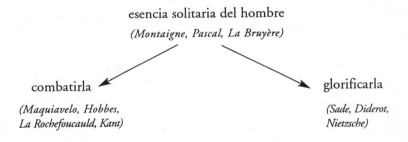

esencia solitaria del hombre
(Montaigne, Pascal, La Bruyère)

combatirla

(Maquiavelo, Hobbes,
La Rochefoucauld, Kant)

glorificarla

(Sade, Diderot,
Nietzsche)

El primer filósofo que dice que hay que **combatir** la naturaleza solitaria y bárbara del hombre se llamaba Maquiavelo.

Para Maquiavelo (1469-1527), como se sabe, la sociedad era importante como mecanismo de control para refrenar los intereses particulares y personales de la naturaleza humana. La vida sería permanentemente una lucha a muerte donde cada uno trataría de matar al otro para conseguir lo que quiere. Según él, la gran habilidad del ser humano consiste en dominar los intereses personales para conseguir que la sociedad lleve a la superación del individuo como un todo, porque si la sociedad no cumpliera con esa pauta la vida sería una constante rivalidad.

Esta idea, muy conocida, fue retomada por Hobbes (1588-1679) en la famosa frase: "el hombre es el lobo del hombre", lo cual parece significar que, en tanto depredadores, ante una presa deseada, dos hombres van a pelear a muerte por obtenerla si no son capaces de acordar previamente algo que los condicione a no rivalizar.

Lo que Hobbes decía, y Maquiavelo o Montaigne avalaban, es que nosotros somos esencialmente solitarios, y que la dependencia con los otros surge desde nuestro propio concepto de preservación. Los hombres nos juntamos con los otros porque de alguna manera nos conviene, y si no nos conviniera nos mantendríamos más independientes y aprenderíamos, como dice Pascal, a ser felices solos, a bastarnos con nuestra propia vida.

Estamos en los siglos XV, XVI, épocas de violentas turbulencias sociales y de cuestionamientos políticos al orden vigente. Maquiavelo enseña que si el hombre no estuviera sujeto a reglas y prohibiciones viviría en una guerra perpetua por el poder. Porque es justamente el poder lo que daría la posibilidad de tener lo que el individuo desea esencialmente.

La Rochefoucauld (1613-1680), por su parte, cree que la vida en sociedad es absolutamente imprescindible para poder sobrevivir, y si no existieran las reglas sociales, si se dejara al hombre librado a su naturaleza, la idea de que el hombre es el lobo del hombre (Hobbes) sería confirmada en los hechos permanentemente. Según La Rochefoucauld, *no podemos arriesgarnos a dejar que esta naturaleza se manifieste sin censura,* por lo cual propone combatirla moralmente, con educación, con pautas.

La vida en sociedad, dice La Rochefoucauld, restringe los apetitos inmoderados del hombre y le impone el ideal social:

El yo quiere erigirse en el centro de todo, quiere dominarlo todo, por lo tanto hay que tratar de combatir a ese dominador con reglas sociales que sean suficientemente estrictas y rígidas como para frenarlo, porque de lo contrario esta ambición desmedida de poder, esta sed de dominio, terminarían dominando la historia.

En este punto del planteo aparece el pensamiento de un filósofo más conocido por nosotros: Emanuel Kant (1724-1804). Él dice: *El ser humano vive en una insociable sociedad,* queriendo decir que la sociedad, lejos de ser una cosa elegida por el ser humano, es una transacción, algo que concretamente hace para poder responder a una necesidad. Según Kant y tal como decía La Bruyère, la naturaleza del ser humano es la soledad, pero agrega que este ser socialmente inepto, egoísta y solitario tiene tres necesidades básicas: *sed de poder, sed de bienes materiales y sed de honores.*

Kant abre el pensamiento a los que siguen; comparte con Maquiavelo la idea de que el hombre necesita dominar, y con Hobbes la idea de la necesidad de tener posesiones. Lo nuevo en el pensamiento de Kant se vincula con la necesidad del hombre de ser honrado (en el sentido de aplaudido, glorificado, admirado). Es posible que el hombre tenga bienes sin necesidad de que existan los otros; puede tener dominio sobre su heredad, sobre la tierra y sobre los animales sin que existan los demás, pero ¿cómo podría tener honores en soledad? Para tener quien lo honre, necesita de otro.

Así, para Kant, creamos una sociedad para que nos dé el honor que necesitamos porque solos no podemos conseguirlo.

De alguna manera con Kant, seguimos manteniendo la idea principal: hay que combatir la naturaleza solitaria del hombre porque de lo contrario la humanidad no puede subsistir.

Como dije antes, hay pensadores que lejos de combatir la naturaleza solitaria del hombre piensan que hay que hacer lo contrario: **glorificarla**.

Desde Cicerón (106-43 a. C.) (*hay que dejarse fluir y ser... y dejar que el otro opine*) hasta Diderot (1713-1784) *(el interés gobierna la conducta pero hay que dejar que el ideal se someta a lo real)*, muchos filósofos construyeron planteos provocativos para convencer a sus contemporáneos de dejar que la naturaleza prive sobre el condicionante. Dentro de esta línea quiero referirme sobre todo a dos pensadores muy conocidos e importantes aunque no siempre, creo, bien entendidos: Sade y Nietzsche.

Sade (1740-1814), se preguntaba: *¿Por qué dejar que mis intereses personales y mis propias inclinaciones estén librados a lo que la sociedad me permite o no me permite? ¿Por qué no sentirme a mí mismo libre de salir a procurarme aquello que me gusta? ¿Por qué tengo que condicionar mi placer al permiso del otro? ¿Quién es el otro para decirme qué puedo tener o qué no puedo tener? ¿Por qué no ser realmente como digo que soy y juntarme solamente con aquellos que comparten conmigo mi propia manera de encontrar las cosas que necesito, para juntarnos a disfrutar de ellas sin depender de la aprobación de los otros?*

Según Sade, si yo soy esencialmente libre y esencialmente humano, no tengo que depender del permiso del otro. Soy un adulto, y por lo tanto yo mismo soy el que tiene que decidir qué está bien y qué está mal para mí y, a partir de ahí, salir a buscarlo.

Su planteo consiste en aceptar la naturaleza independiente del ser humano en lugar de combatirla para que luego cada uno sea el dueño de su propia vida.

Nietzsche (1844-1900) hablaba del "superhombre" (*si el hombre llegara a ser lo mejor de sí mismo, dejaría de depender de los otros*). Sostenía que los seres superiores son independientes de los demás para saciar la sed a la que Kant hacía referencia. Para Nietzsche, los bienes, los honores y el poder no se consiguen dependiendo de la mirada bondadosa del otro, ni con la más adecuada inserción social, se consiguen simplemente peleando por conseguirlos y ganando la pelea.

El pensamiento de Nietzsche está muy relacionado con el planteo del anarquismo cuando dice: *Mis semejantes son siempre mis rivales o mis colaboradores.* Es decir, yo tengo un interés, un deseo, una voluntad, y entonces me encuentro con otro que, como tiene mi mismo deseo, tiene dos posibilidades, si hace alianza conmigo, es un colaborador; si decide competir conmigo por la cosa es un rival, si no lo puedo hacer un aliado se volverá un enemigo. De modo que, viviendo entre colaboradores y rivales, o condiciono y manipulo el afuera para que se transforme en un colaborador (Maquiavelo) o directamente rivalizo con el otro y peleo hasta vencerlo.

Pero Nietzsche se pierde cuando descree de toda colaboración. Él considera que la pelea por las cosas es inevitable, y entonces concluye que el mundo es de los fuertes, de aquellos que pelean y ganan la pelea. En relación a esto establece una moral de amos y una moral de corderos. La moral del amo es la de aquel que es fiel a su propia esencia, a su propio deseo. La moral de corderos es la de aquellos que se sienten y se saben débiles y entonces se juntan con otros conformándose con la mera supervivencia.

Para Nietzsche, los corderos desarrollan sentimientos "inferiores" como la piedad, la conmiseración y el miedo a estar un día en el lugar del que padece. Para este filósofo, la caridad funciona desde esa moral de corderos. La moral de superhombre, como él la llama, será la de alguien que no dependerá de que el otro apruebe o no apruebe, como decía Sade, sino que será leal a sus propios principios más allá de la aprobación o el permiso de los demás.

Cuando Nietzsche habla de la moral del superhombre se refiere a dos cosas: una fundamental: reinar en soledad, y otra alternativa: someter al que se oponga. Puesto en primera persona esto se enuncia así: yo soy solitario, sé lo que quiero, sé adónde voy y no molesto a nadie, pero si te oponés, entonces te someto o te destruyo.

Según Nietzsche, la sociedad en la que vive, a la cual llama sociedad burguesa, se ha conformado con la moral de los corderos: proteger a los débiles, encontrar la postura más cómoda y unirse a los demás buscando fuerzas.

Queda claro que Nietzsche se opone a lo que afirmaba Hobbes. Un hobbesiano que leyera a Zaratustra diría que si uno dejara salir su esencia (el superhombre) se dedicaría a destruir a los demás.

Nietzsche dice:

Dejemos que el individuo solo encuentre su lugar y entonces la competencia no surgirá, porque cada uno dejará de estar mirando lo que el otro hace y dejará de querer lo que el otro tiene.

Más allá de la discusión sobre si el control de esta naturaleza solitaria es deseable o indeseable, lo que estos pensadores trataban de demostrar es que, combatiéndola (pensando que el hombre en absoluta libertad terminaría matando al otro) o glorificándola (enarbolando la bandera de que en libertad el hombre viviría sin molestar a nadie), en ambos casos, vivir en sociedad es una conducta aprendida y antinatural.

Desde este razonamiento aparentemente inapelable sólo tengo dos alternativas:

1. Acepto la tendencia solitaria del ser humano a pesar de su insoportable vulnerabilidad, y por ende acato la idea de que por conveniencia debo renunciar a mis necesidades egoístas para poder convivir con los demás de quienes de alguna manera dependo.

2. Sostengo que puedo prescindir de juntarme con los demás y me alineo en la idea ser autoabastecente, renunciando a la necesidad de quedar colgado de otro que se haga cargo de mí. Concluiré creyendo que, dominando mis inseguridades, no necesito para nada vivir en sociedad.

¿Habrá otra posibilidad?

A comienzos del siglo XVIII aparece Rousseau (1712-1778) para dar vuelta el planteo y revolucionar las ideas que se tenían hasta ese momento. Porque Rousseau es el primero de su época que dice: es cierto que el ser humano se asocia con los otros para cazar, para ser más fuerte, para tener un colaborador en un determinado fin, pero también es cierto que a veces se asocia sin ninguna razón. Y entonces se pregunta: ¿qué otra razón lleva al ser humano a asociarse con otros seres humanos? Y sugiere que dicha razón debe estar en su naturaleza.

A diferencia de los filósofos anteriores, Rousseau concluye entonces que, lejos de ser solitaria, la naturaleza del ser humano es gregaria, social. Para él, lo que antes era visto como naturaleza solitaria y bárbara del hombre forma parte de su alejamiento de la sociedad. Plantea esa manifestación como un resultado posterior en lugar de una condición previa.

Por otro lado, Rousseau dice que el individuo tiene dos amores: el amor propio y el propio amor. Llama *amor propio* a lo que nosotros llamaríamos hoy vanidad, y *propio amor* a lo que hoy llamaríamos autoestima.

La vanidad me lleva a conseguir lo que necesito por la utilización de los demás, a utilizar a los otros para congraciarme. Así, quiero los honores (Kant) para sentirme bien, y entonces busco a los demás para que me honren. Pero también me relaciono con los demás por la necesidad de ser considerado por el otro y llenar así nuestra olla de autoestima.

Cuando Rousseau llega a esta idea, la relaciona con la idea aristotélica de que el hombre que no reconoce que necesita la vida en sociedad (o que no vive en sociedad) o es un dios o es una bestia. Esta frase de Aristóteles (384-322 a.C.) ya la había tomado Nietzsche afirmando: entonces seamos dioses, reconozcamos que no necesitamos de los otros. Pero Rousseau afirma: no somos ni bestias ni dioses, **somos seres humanos**, y por lo tanto necesitamos esencialmente la consideración de los otros. Se refiere entonces al mito de Aristófanes, de Platón (428-348 a.C.). La característica que tiene este personaje es que se siente incompleto y busca bienes, triunfos militares, parejas, tiene hijos y nunca se siente satisfecho, hasta que un día se sienta en una mesa con alguien que le dice: "Eres Aristófanes, yo te conozco", y cuando el otro le dice esto, Aristófanes se siente por fin completo.

Aristófanes representa aquí la incompletud que sólo se resuelve cuando alguien te describe. Rousseau opina que el ser humano se junta con otros, no por utilidad, sino porque sin los otros se siente mutilado. La gran diferencia con Kant y La Bruyère es que para Rousseau la incompletud es parte de la naturaleza humana.

Rousseau es el primero que dice:

> **La naturaleza humana consiste en sentirse incompleto en soledad.**

Esto es lo opuesto de La Bruyère, quien decía: la naturaleza humana es la soledad y la sociedad surge como una necesidad propia de reconocimiento y valoración, de aplausos, de honores.

Dice Rousseau: *El salvaje vive en sí mismo, y cree que no necesita a nadie; el hombre sociable vive en manada y obtiene de los demás protección y reconfirmación de su existencia, aplauso o alabanza. El verdadero ser humano se relaciona porque sólo así tiene sentido su vida.*

Esta idea tiene tanta fuerza y es tan revolucionaria en la historia de la filosofía, que empieza a modificar el pensamiento político de su entorno.

Soy incompleto si no tengo al otro, no tiene sentido mi vida si no tengo al otro, no puedo significar mi vida si estoy solo, dice Rousseau.

Las ideas de Rousseau tienen dos derivaciones importantísimas para la historia moral. Una es el pensamiento de Adam Smith (1723-1790), un economista muy ligado a la evolución de la humanidad y los procesos sociales. Él empieza a traer la idea de la necesidad de aprobación diciendo que no nos alcanza solamente con que el otro esté y nos reconozca, necesitamos además que nos apruebe. A tal punto llega esta concepción en su pensamiento, que desarrolla toda su teoría económica afirmando que la búsqueda de la posesión de bienes no es por la riqueza en sí misma, sino porque uno sabe que con las posesiones se gana la simpatía y la aprobación de los otros. En vez de pensar en una sed esencial del hombre, piensa que esto le permite al hombre sentirse más completo.

Adam Smith es el primero en decir que la indiferencia del afuera es tan terrible que puede llegar a matar. La frase: "lo mato con la indiferencia" está originada en su pensamiento. La mirada del otro es para él una necesidad; no podemos sobrevivir si no hay por lo menos alguien que nos dé su aprobación, y los bienes materiales son exactamente para esto. El sujeto, decía Smith, está incompleto y necesita de los otros para forjarse su identidad.

Como única alternativa para resolver esta dependencia sin colgarse de los demás, propone una posibilidad que estará reservada sólo para algunos: **Dios.** Si yo no quiero vivir dependiendo de que otro me califique, siempre me queda la posibilidad de creer que Dios es el que me puede dar esta aprobación.

La fe aparece como un recurso que me devuelve la independencia y la fortaleza sobre mí mismo, reconociendo mi necesidad social pero otra vez volviendo a la primera idea de La Bruyère: la soledad. Ahora puedo estar sin nadie, no me importa, El Jefe me va a dar su aprobación y nunca me sentiré solo, inseguro ni incompleto.

La evolución posterior ha dado algunas otras soluciones para este tema: la conciencia, el superyo. La idea moral y ética de los principios no es ni más ni menos que la introyección, la puesta adentro, de la aprobación supuesta de los demás.

Yo me siento completo únicamente si hago las cosas de acuerdo con mi conciencia, de lo contrario me siento mal, insatisfecho.

El superyo, la moral, la ética, la sociedad como una abstracción, en última instancia son la respuesta a la necesidad de la búsqueda de simpatía y aprobación de los demás.

Georg Hegel (1770-1831), el último pensador de la época, es tan importante y revolucionario que va a influenciar a todos los que le siguen (Freud, Lacan, Adler, Perls, Pichón Riviere, etc.).

Hegel toma las ideas de Rousseau y las desarrolla a niveles inconmensurables. Dicen los que han estudiado que el pensamiento de Hegel era tan avanzado para su época que nadie lo entendía. Pasaron muchos años antes de que la humanidad pudiera entender lo que Hegel quería decir.

Todo lo que nosotros sabemos de este pensador es lo que Kojeve escribió en el libro *Interpretando a Hegel* (muchos dicen que tampoco Kojeve era muy fiel a lo que Hegel decía).

A la idea de Rousseau, Hegel le agregó que la incompletud no se resuelve ni con el reconocimiento, ni con la consideración, ni con la aprobación del otro. Hegel decía que lo que el individuo necesita, no como una cosa aprendida, sino como condición de su humanidad, es mucho más: es **la admiración** de un otro.

El individuo necesita que haya alguien que lo valore, que lo reconozca, que lo aplauda; no alcanza con que el otro le diga "Eres Aristófanes" (porque cuando Aristófanes recibe esta mirada, no es la mirada de alguien que lo reconoce, es la mirada de alguien que le da el reconocimiento que implica admiración, dice Hegel).

Para él, la continua lucha del ser humano es por conseguir que alguien lo valore, le dé un lugar de importancia. Si no fuera así, se quedaría con esta sensación de incompletud, se sentiría mutilado, no tendría la posibilidad de sentirse satisfecho.

Hegel coincide con Rousseau en que la esencia del ser humano es sociable. Él dice: el ser humano solo y único en el mundo no sería un ser humano, sino un animal.

Estamos en 1780 y, a partir de ahí, el gran planteo hegeliano nos complica porque las cosas empiezan a mezclarse...

Así como en el pensamiento de Nietzsche se basaron algunas ideas políticas, las nazis entre otras, en las ideas de Hegel, su filosofía y el planteo del amo y del esclavo, se apoyaron varias corrientes ideológicas, entre otras, el marxismo y la fundamentación del materialismo dialéctico.

Hegel dice: siempre que hay dos individuos, cada uno de ellos quiere la admiración del otro; y en esa competencia, uno va a triunfar y el otro no. La historia de la humanidad es la sociabilidad a partir del esquema donde entre dos que se encuentran uno tiende a ser el amo y el otro tiende a ser el esclavo.

No es una idea complicada, miremos la historia de la humanidad y veremos que en realidad siempre hay dos bandos que están peleando por ser el amo y dejar al otro en el lugar del esclavo. Y esto no tiene que ver con conseguir el placer sádico de esclavizar al otro, sino con lograr, dice Hegel, su admiración, conseguir que me idolatre, que me ponga en un lugar superior, el lugar del amo. Hace recordar un poco a Nietzsche, a la moral del superhombre y del cordero, ¿verdad?

Establecido el ganador, todo parece resuelto, pero aquí aparece la paradoja: Recordemos que estamos partiendo de la idea de que la completud humana se consigue solamente cuando uno recibe la admiración del otro, y por lo tanto, los que no la reciban quedarán incompletos y perderán su condición mínima de dignidad humana.

En esta batalla entre futuros amos y futuros esclavos, donde estamos compitiendo por ver quién es quién, supongamos que sos el que gana. Vos sos el amo y por ende yo soy el esclavo y lo admito. Ahora, sos un ser humano completo, has conseguido la admiración de alguien, la mía. Yo soy el esclavo y he perdido, vos no me admirás, todo lo contrario, me despreciás. Vas a decir: Yo gané, vos sos el esclavo, vos no sos ni siquiera un ser humano, vos no valés. Y cuando no soy ni siquiera un ser humano completo y soy despreciable... mi admiración deja de servirte. Entonces Hegel dice: el final del camino del amo es irremediablemente el vacío existencial, porque cuando finalmente consigue la admiración que necesita, ésta pierde sentido y la desprecia.

(Pequeña derivación cotidiana que veo todos los días: "Quiero que me quieras, quiero que me quieras, quiero que me quieras...

Pero cuando consigo que me quieras, me doy cuenta de que sos un tarado, quizás por querer a un tipo como yo y ahora te desprecio, y ahora no me importa tu cariño").

¿Qué hace entonces el amo? Busca a alguien más, porque la verdadera historia del amo es que siempre tiene que buscar a alguien valioso que le dé la admiración que necesita.

Para Hegel, irremediablemente, los amos están condenados a buscar un tercero, el mundo no se puede plantear de a dos, el mundo se plantea de a tres. ¿Por qué? Porque hace falta un testigo, alguien que testifique que yo sometí al otro. Con lo cual ese tercero, que no es mi sometido, me va a admirar por haber sometido a mi esclavo.

La trama vital por lo tanto requiere de tres personajes: A que pelea con B y lo vence y C que es testigo de la batalla y concede a A la admiración por ser el vencedor (sin el testigo del triunfo éste no tiene mérito ni trascendencia). Los tres personajes, nos aclara Hegel, son igualmente necesarios aunque sus roles distan mucho de ser rígidos o permanentes.

En efecto, una vez que A vence a B, y B es descalificado como admirador, pasado el primer momento de plenitud frente al aplauso de C, se plantea lo irremediable: entre A y C, ¿quién está por encima y quién por debajo? Deberán competir entre sí, y cuando esto suceda, no importa quién triunfe —y esto es lo más interesante—, el vencedor necesitará que B, el antes esclavo, sea testigo.

El ciclo se ha completado y vuelve a comenzar infinitamente.

La paradójica lucha del amo y el esclavo. La eterna lucha de quién está por debajo de quién y hasta cuándo.

Hegel dice que la historia de la humanidad está cifrada por esta lucha, quién somete a quién en presencia de quién.

Necesito que me den admiración, pero en esta búsqueda siempre voy a terminar compitiendo con alguien, en una lucha dinámica donde el derrotado se transformará tarde o temprano en un personaje importante: el testigo de una nueva situación.

Por supuesto que las ideas de Hegel existían antes de Hegel, como las ideas de Nietzsche existía antes de Nietzsche, y las ideas de Aristóteles antes de Aristóteles, porque las ideas no son patrimonio de aquellos que las dijeron, pertenecen a la humanidad. Y esta historia que la izquierda utilizó para explicar la lucha de clases es para Hegel la historia de la humanidad.

Esta es, dice el filósofo, la verdadera historia del hombre y la mujer frente al pecado original, es la historia de Caín y Abel, es la historia de Zeus y Cronos, es la historia de Castor y Polux, es la historia de todos los duelos míticos donde, en realidad, nunca hay sólo dos, siempre hay tres: Dos que pelean por la aprobación de un tercero.

Esto es lo que Freud (1856-1939) vuelve a tomar cuando habla del conflicto edípico. Un conflicto planteado entre tres: un hombre, una mujer y un hijo. Una historia de rivalidades sobre quién es el amo, quién es el esclavo, quién es el testigo, un juego de rivalidades que aparece como en el mito de Tebas.

Para Freud, toda la historia de la humanidad es una repetición del conflicto edípico. Leyendo a Freud uno podría explicarse todos los fenómenos humanos, como podría explicarse toda la historia desde Montaigne o desde Nietzsche. Quizás sea cierto que en cada pequeño misterio que se resuelve, se resuelve el misterio del universo, cada vez desde un lugar diferente, cada vez desde un lugar nuevo, cada vez desde un lugar mejor.

Siempre asocio este planteo con una antiquísima parábola que una vez me contó un talmudista:

Para el judaísmo, el lugar más importante de la tierra era el altar del gran templo de Jerusalem, el momento más importante del año era el día de Iom kipur cuando las puertas del arca se abrían para exponer la Torá ante el pueblo de Israel, y la persona más importante de todas era el Gran Rabino que oficiaba el servicio ante toda esa concurrencia. En ese instante la conjunción era única: la persona más importante, en el lugar más importante, en el momento más importante. La tradición judía señala que si en ese preciso instante un mal pensamiento hubiera pasado por la cabeza de ese hombre, el mundo entero habría sido destruido... Cuenta el Talmud que en realidad cada hombre es tan importante como el Gran Rabino, cada lugar es tan sagrado como aquel templo y cada momento tan trascendente como la apertura del arca. Cualquier pensamiento dañino, en la mente de cualquier hombre, puede en cualquier momento destruir el mundo.

Cuando uno lee el pensamiento de Hegel, se dice: es cierto, la humanidad realmente se ha manejado así. Y sin embargo lo que Hegel describe no es un modelo funcional de la sociedad, sino una situación social específica, que es la situación de rivalidad, la situación de la batalla, de la guerra. Debe existir otra posibilidad que la de competir por el espacio de admiración.

Sobre finales del siglo XIX, principios del siglo XX, empiezan a revisarse estas ideas y se hacen críticas importantes a Hegel y a sus seguidores.

Los post-freudianos critican el modelo del conflicto edípico como explicación universal. Acusan al psicoanálisis de volver demasiado a La Bruyère al sostener que el ser humano es esencialmente solitario y que se conecta con los otros por un tema de necesidades (que define sobre todo desde la teoría de lo sexual).

Freud se destaca por darle a la sexualidad el lugar de pivote sobre el cual giran casi todas las cosas. Si bien hay que aclarar que para Freud el significado de "sexual" difiere mucho del concepto coloquial de la palabra. Para el gran maestro lo sexual refiere a la libido, a la energía que ponemos al servicio de las cosas, es decir, al interés sobre hechos y personas. Lo sexual es mucho más que lo genital y puede no tener ninguna relación con el pene o la vagina.

La idea sería aproximadamente la siguiente: Partiendo de la idea de La Bruyère que sostenía que el hombre se asociaba para satisfacer un deseo que no puede completar en soledad, el pensamiento psicoanalítico concluyó que si el otro es un objeto de deseo para mí, esto me llevará a juntarme con él. Hasta el concepto del instinto de muerte que liga al inconsciente con la búsqueda de la autodestrucción suena ligado a la historia del aislamiento esencial al que tendemos a volver (con la idea de la sociedad como algo antinatural metido a presión en el ser humano.)

Si bien Freud es muy posterior, de alguna forma está retomando aquellas ideas de La Bruyère, de Montaigne y de Hobbes, a quien cita. La naturaleza humana, como el inconsciente, es esencialmente solitaria y egoísta y se rige por el principio del placer.

Así que el debate no se termina en Hegel, ni en Nietzsche, ni se termina en ninguno de estos pensadores. El debate sigue y posiblemente seguirá. Porque es muy difícil decir: ahora que tenemos todo sobre la mesa, éstos son de verdad los que dan origen a todas las ideas.

Porque cuando después aparecen Adler, Fromm y otros criticando las ideas de Freud, lo hacen también apoyados en los que criticaron en su tiempo a La Bruyère o a Maquiavelo.

¿Pensar al hombre como un ser solitario por naturaleza (como decía Montaigne o como dice también el psicoanálisis en un principio) o como un ser esencialmente gregario y de alguna manera incompleto cuando está solo y que necesita de los demás para sentirse completo (como sostenía Rousseau)?

En este debate, los filósofos han preferido predominantemente la idea del ser humano como solitario. Sin embargo, hay un pensador ruso contemporáneo llamado Todorov, un señor de rulitos que vive en Francia, que tiene un planteo muy interesante sobre este asunto.

Todorov dice que la historia de la filosofía ha tomado prioritariamente la idea del individuo en soledad por tres razones.

La primera, porque el filósofo es un individuo solitario y se toma a sí mismo como referencia.

La segunda, porque la pelea y la rivalidad hegeliana ciertamente encaja mejor con el origen de la humanidad ligado a los mitos (Caín y Abel, Cronos y Zeus). Todorov dice que la historia de la humanidad siempre empieza con una lucha porque los que la escribieron son hombres y no mujeres. Es decir, la maternidad, que es el verdadero origen de la humanidad, está excluida de la historia, y de estar incluida haría un origen no belicoso. Pero el hombre no pare los hijos, el hombre pelea, entonces la filosofía escrita por hombres ha generado una historia de la humanidad originada en mitos de pelea y rivalidad y no en mitos de parto y amores.

El tercer punto que me interesa de Todorov es el siguiente: la soledad del hombre es como una postura amarillista, simplificadora, porque es fácil pensar que primero fue la ameba y que los seres multicelulares aparecieron después. Es decir, él cree que es una postura facilista pensar primero el individuo solo y después la vida en sociedad, ¿por qué no pensar que aparecieron simultáneamente? Todorov opina que a la humanidad le gusta autocriticarse, leer los crímenes, los asesinatos, la prensa amarilla.

Entonces es mucho más atractivo pensar que el ser humano es destructivo y cruel, que pensarlo necesitado de los demás. Y yo modestamente coincido. Pensar que el ser humano necesita del otro para que lo mire y lo quiera tiene mala prensa. Es más popular decir que el hombre es básicamente malo que decir que es esencialmente bueno.

Después de Freud, Adler retoma a Hegel para cuestionar al maestro. Adler sostiene que la rivalidad del triángulo edípico no comienza con la sensación de desvalorización del niño frente a su madre, sino cuando aparece el padre. Es la aparición del tercero lo que trae la rivalidad, porque hasta ese momento la relación entre la madre y el hijo es de puro amor. En efecto, contrariando a Hegel, la relación entre madre e hijo es un vínculo entre dos que no plantea la competencia por la admiración ni el sometimiento del otro.

La discusión es eterna, y se relaciona con la otra idea arquetípica del psicoanálisis: el trauma del nacimiento. Para Freud, nacer es abandonar un lugar maravilloso que es el útero materno, donde somos acunados, alimentados y protegidos. Dicho así, suena muy terrible. Sin embargo, esta conclusión es producto de una interpretación de Freud, pero no es la única interpretación posible. Porque el útero materno es un lugar maravilloso hasta el cuarto o quinto mes, después empieza a ser tan incómodo que si el bebé no nace a los nueve meses se muere por falta de oxígeno.

Yo creo que el bebé nace porque ya no soporta más, porque necesita librarse de este lugar que en realidad está asfixiándolo, apretándolo; en cuanto el cuello del útero se dilata el bebé se toma un trabajo muy grande para nacer. Nace para librarse de una situación que alguna vez fue maravillosa y que hoy es de terror, así que nacer es el alivio de una situación de cárcel donde si se queda se muere.

En la vida hay situaciones muy parecidas. Te sentís mal hasta que tocás fondo y entonces decidís hacer un esfuerzo, un movimiento, buscando la salida. Quizás sea tan parecido, que a veces no nos animamos a pensar que es lo mismo que nos pasó en la panza de nuestra madre: que una vez fue maravilloso y que ahora es asfixiante, y nos quedamos ahí porque una vez fue maravilloso...

Aprender que el parto es un hecho liberador nos enseña a revisar si las situaciones actuales que vivimos no han dejado de ser maravillosas, y por haber sido antes placenteras las seguimos considerando así aunque hoy sean desastrosas.

De alguna forma, es tan difícil cuestionar a Rousseau como no acordar con Hegel. En última instancia, cuando pensamos y decimos, ponemos en palabras cosas contradictorias con lo que otros piensan y dicen. Lo novedoso de nuestro tiempo es que, en el estado actual de nuestro conocimiento, podemos admitir que planteos opuestos entre sí pueden ser ciertos aunque se contradigan. Quiero decir, todas las ideas coexisten y quizás todas sean en parte verdaderas, aunque esto no debe evitar que tomemos una posición personal en cada punto.

Personalmente, yo creo que Rousseau tenía razón: si no existe otro en nuestra vida, aparece la sensación de incompletud.

La definición de la identidad personal pasa necesariamente por el hecho de que haya habido un otro que diga: éste sos, como en el caso de Aristófanes.

Un otro que simpatice conmigo, que me dé su reconocimiento y que me haga saber de su aprobación.

Narciso era un joven muchacho, tan hermoso que hasta las deidades del Olimpo celaban su belleza. Un día, mientras tomaba agua en un estanque, Cupido fue mandado por los dioses para herirlo con una de sus flechas. Así fue como Narciso se enamoró de su propia imagen; tanto, que ninguna otra persona volvió a parecerle atractiva, aunque todas seguían enamorándose de él. Ese era el resultado deseado por los dioses, el sufrimiento infinito de verse privado del placer de amar.

Eco, por su parte, también había sido víctima de un conjuro, la esposa de Zeus le había quitado el don del habla.

Afrodita, la diosa del amor y de la belleza, se había compadecido de Eco y no pudiendo deshacer el hechizo anterior, lo atenuó, permitiéndole hablar pero sólo para repetir lo que otros le dijeran.

Cuenta la leyenda que un día Narciso caminaba por la orilla de un río, triste como siempre, sufriendo su pena, y desde detrás de un matorral Eco lo espiaba. Como todos los que se cruzaban con Narciso, también Eco se enamoró del joven pero no se animó a salir a su paso dado que nada podría decirle salvo que él le hablara primero. Dolorida por su condena, Eco lloró.

—¿Quién está ahí? —preguntó Narciso al escuchar el llanto.

—¿Quién está ahí? —contestó Eco.

—Soy yo, Narciso. ¿Y tú quién eres?

—Soy yo —repitió Eco.

—Sal a la luz, quiero verte —dijo el joven.

—Quiero verte —dijo Eco.

—Ven aquí entonces —comandó Narciso.

—Ven aquí —repitió Eco—, ven aquí.

Narciso temió una nueva trampa de los dioses y no se atrevió a internarse en la espesura.

—¿Tú no entiendes que necesito amar a alguien? —preguntó Narciso.

—Tú no entiendes —contestó Eco llorando.

—Si no sales ya mismo... —exigió Narciso— ...vete y adiós.

—Adiós —repitió Eco—, adiós... adiós...

El bello joven se dio cuenta de que el amor por fin llegaba a su corazón. Quizás porque al no ver a su amada no había tenido una imagen con quien compararla; quizás porque su voz solo le devolvía sus propias palabras... lo cierto es que sin razones para él, Narciso finalmente se había enamorado.

—Vuelve por favor —gritó—. Yo te amo.

Pero era tarde... la doncella ya no podía escucharlo.

Narciso se sentó junto al río y lloró.

Lloró como nunca había llorado, toda esa tarde y también toda esa noche. Tanto lloró Narciso que por la mañana, al salir el sol, su cuerpo se había secado y el joven amaneció transformado en una flor: el narciso, que desde entonces crece en las orillas de los ríos reclinado sobre el agua como llorando sobre su imagen reflejada.

Lo que Narciso recibía de Eco era el reflejo de su propia palabra, pero como estaba enamorado de su imagen, no tenía más remedio que enamorarse de su propia palabra, que era lo único que Eco le podía decir.

En el mito, el espejo no es sólo de imagen, también es de palabra.

El mundo externo es una percepción, una abstracción. Yo tengo un registro interno del afuera. Por eso tengo que tratar de entender que el mundo del otro no es el mío, que no hay un mundo que podamos compartir. Podemos hacer un espacio común y transitar por él. El mundo externo es el estímulo y el mundo interno es la percepción, pero yo no tengo trato con el mundo externo.

Por ejemplo, yo te veo y, para mí, vos sos como yo te veo. Ahora, ¿cómo sos vos? Qué sé yo, cómo podría saberlo. Lo único que yo sé de vos es como yo te veo. Del mismo modo, lo que vos sabés de mí es lo que vos ves, no lo que yo soy. Es decir, no hay un mundo externo sobre el cual se pueda referenciar. La mirada de las cosas tiene una cuota de relatividad tan grande que las cosas se interpretan dependiendo de cómo se vean.

Un señor llamado Paul Watzlawick cuenta que en un laboratorio donde se hacen experimentos con animales, un investigador está tratando de hacer un reflejo condicionado con dos ratas en un laberinto. Entonces, cuando el señor de guardapolvo blanco entra, una ratita le dice a la otra: "¿Ves a ese señor de guardapolvo blanco? Lo tengo totalmente amaestrado, cada vez que yo bajo esta palanca me da de comer".

Dos maneras de ver el mismo proceso, la situación es exactamente la misma.

Admitir que el único mundo es el interno implica confiar en la esencia del ser humano. Para creer que el único acceso al mundo es mi percepción, tengo que imaginar al hombre esencialmente bueno, noble, generoso y solidario. Si yo pienso que el ser humano es dañino, perverso, cruel y demás, tengo que restringirlo, no puedo dejarlo en libertad.

Afortunadamente, hay seres humanos de estos dos tipos y, como soy un optimista sin remedio, creo que el mundo está compuesto más por gente esencialmente buena, noble, amorosa y solidaria, que por gente destructiva, cruel y dañina. Será función de quienes nos creemos estas cosas tratar de ver cómo educamos a todos aquellos que son así. En principio, sabiendo que si le damos espacio y lugar al otro para que se desarrolle naturalmente, lo que el otro desarrolla es lo mejor de él, no lo peor.

Un señor muy creyente sentía que estaba cerca de recibir una luz que le iluminara el camino a seguir. Todas las noches, al acostarse, le pedía a Dios que le enviara una señal sobre cómo tenía que vivir el resto de su vida. Así anduvo por la vida, durante dos o tres semanas en un estado semi místico buscando recibir una señal divina.

Hasta que un día, paseando por un bosque, vio a un cervatillo caído, tumbado, herido, que tenía una pata medio rota. Se quedó mirándolo y de repente vio aparecer a un puma. La situación lo dejó congelado; estaba a punto de ver cómo el puma, aprovechándose de las circunstancias, se comía al cervatillo de un solo bocado. Entonces se quedó mirando en silencio, temeroso también de que el puma, no satisfecho con el cervatillo, lo atacara a él. Sorpresivamen-

te, vio al puma acercarse al cervatillo. Entonces ocurrió algo inesperado; en lugar de comérselo, el puma empezó a lamerle las heridas.

Después se fue y volvió con unas ramas humedecidas y se las acercó al cervatillo con la pata para que éste pudiera beber el agua; y después se fue y trajo un poco de hierba húmeda y se la acercó para que cervatillo pudiera comer. Increíble.

Al día siguiente, cuando el hombre volvió al lugar, vio que el cervatillo aún estaba allí, y que el puma otra vez llegaba para alimentarlo, lamerle las heridas y darle de beber. El hombre se dijo: esta es la señal que yo estaba buscando, es muy clara. "Dios se ocupa de proveerte de lo que necesites, lo único que no hay que hacer es ser ansioso y desesperado corriendo detrás de las cosas". Así que agarró su atadito, se puso en la puerta de su casa y se quedó ahí esperando que alguien le trajera de comer y de beber. Pasaron dos horas, tres, seis, un día, dos días, tres días... pero nadie le daba nada. Los que pasaban lo miraban y él ponía cara de pobrecito imitando al cervatillo herido, pero no le daban nada. Hasta que un día pasó un señor muy sabio que había en el pueblo y el pobre hombre, que estaba ya muy angustiado, le dijo:

—Dios me engañó, me mandó una señal equivocada para hacerme creer que las cosas eran de una manera y eran de otra. ¿Por qué me hizo esto? Yo soy un hombre creyente...

Y le contó lo que había visto en el bosque...

El sabio lo escuchó y luego le dijo:

—Quiero que sepas algo. Yo también soy un hombre muy creyente, Dios no manda señales en vano, Dios te mandó esa señal para que aprendieras.

El hombre le preguntó:

—¿Por qué me abandonó?

Entonces el sabio le respondió:

—¿Qué haces tú, que eres un puma fuerte y listo para luchar, comparándote con el cervatillo? Tu lugar es buscar algún cervati-

llo a quien ayudar, encontrar a alguien que no pueda valerse por sus propios medios.

Casi todo puede ser visto, registrado y analizado desde varios lugares. De hecho la humanidad ha mirado al hombre y su problemática poniendo el acento en diferentes aspectos de nuestras dificultades a lo largo del último siglo.

Rollo May dice que el eje problemático del hombre en nuestra sociedad occidental judeocristiana ha ido variando aproximadamente cada veinte años y por ende la psicología ha ido cambiando cada dos décadas el foco de interés de sus planteos teóricos. May sugiere, con gran acierto, que este viraje se debe no sólo a los hechos históricos que modifican hábitos y posibilidades, sino sobre todo justamente a que las escuelas sociales y psicológicas se han ocupado de esos problemas tan adecuadamente, que de alguna manera, los han resuelto.

El mejor ejemplo es el de las dos primeras décadas del siglo XX. La problemática del hombre giraba en ese momento alrededor de los mecanismos de represión, sobre todo de la sexualidad y la falta de conocimiento de sí mismo por parte del individuo. En ese contexto aparece Freud y con su genialidad diseña una estructura, un modelo y una forma de análisis y tratamiento para esa problemática. Utilizando el psicoanálisis como herramienta, él y sus seguidores realizan tan buen trabajo que el eje fundamental de mundo interno del hombre varía de ahí en adelante. Este proceso se irá repitiendo y dando espacio a lugares hegemónicos de diferentes escuelas sociales y psicoterapéuticas que intentarán y conseguirán esclarecer y por eso modificar el mundo en el que se desarrollan.

Como un esquema referencial, sin ningún rigor histórico,

podríamos sobrevolar las preocupaciones que tuvo nuestra sociedad durante el siglo XX (indico entre paréntesis algunas escuelas en boga o personas que contribuyeron con modificaciones).

1900 – 1920	Represión Sexual - Autoconocimiento (Freud, *Psicoanálisis*)
1920 – 1940	Poder y Conducta eficaz (Watson, *Conductismo*)
1940 – 1960	Desarrollo Humano y Libertad (*Tercer movimiento*, Frankl, Maslow, Perls, Fromm, Rogers, Krishnamurti)
1960 – 1980	Competencia y Trabajo en Grupo (Ellis, Berne, *Cognitiva, Sistémica*)
1980 – 2000	Control Personal y Espiritualidad (*PNL, Transpersonal,* Silva, Weiss, Chopra, Watts).

¿Cuáles son los problemas que más nos inquietarán en los próximos veinte años? Cada filósofo, cada pensador, cada analista, cada terapeuta tendrá su opinión al respecto. Para mí, el eje de nuestro desarrollo e inquietud pasará fundamentalmente por dos puntos: la crisis de valores y el aislamiento del individuo.

Es del último punto mencionado de lo que intenta ocuparse este libro.

Estas hojas de ruta conducen, o intentan conducir, al antídoto del aislamiento: El encuentro.

¿Cuáles serán las escuelas de pensamiento y quiénes serán los líderes del camino? No lo sabemos. Pero me parece que valdrá la pena prestar atención a quien yo considero uno de los diez maestros más importantes de la actualidad: el Dr. Humberto Maturana.

PARTE II

ENCUENTROS VERTICALES

ACERCA DEL AMOR

Recién después de haber recorrido el camino de la autodependencia, estoy por fin en condiciones de encontrarme con otros.

Y dice Maturana que es justamente este <u>encuentro con otros</u> lo que nos confiere humanidad a los humanos. Y dice aún más:

El homo sapiens no se volvió sapiens por el desarrollo de su intelecto sino por el desarrollo de su lenguaje. Es el lenguaje y su progresiva sofisticación lo que produjo el desarrollo intelectual y no al revés. Entonces, se pregunta el brillante chileno, ¿para qué apareció el lenguaje? ¿Para comunicar qué? Y se contesta: el Amor.

Y por supuesto que no se refiere solamente al amor romántico sino al liso y llano afecto por los demás. Se refiere, creo, al encuentro afectivo con el prójimo.

SIGNIFICADO

Pero, ¿de qué se trata este Amor que Maturana define tan poderoso como para ser el responsable último de nuestro desarrollo individual? ¿Qué quiere decir hoy día esta palabra tan usada, bastardeada, exagerada, malgastada y devaluada? (si es que todavía conserva algo de su significado).

A veces, los que asisten a mis charlas me preguntan: ¿Para qué hay que ponerle definiciones a las cosas, para qué tanto afán de llamar a las cosas por su nombre como siempre decís?

Cuentan que una mujer entró a un restaurante y pidió como primer plato una sopa de espárragos. Unos minutos después, el mesero le servía su humeante plato y se retiraba.

—*¡Mozo!* —*gritó la mujer*—, *venga para acá.*

—*¿Señora?* —*contestó el mesero acercándose.*

—*¡Pruebe esta sopa!* —*ordenó la clienta.*

—*¿Qué pasa, señora? ¿No es lo que usted quería?*

—*¡Pruebe la sopa!* —*repitió la mujer.*

—*Pero qué sucede... ¿le falta sal?*

—*¡¡Pruebe la sopa!!*

—*¿Está fría?*

—*¡¡PRUEBE LA SOPA!!* —*repetía la mujer insistente.*

—*Pero señora, por favor, dígame lo que pasa...* —*dijo el mozo.*

—*Si quiere saber lo que pasa... pruebe la sopa* —*dijo la mujer señalando el plato.*

El mesero, dándose cuenta de que nada haría cambiar de parecer a la encaprichada mujer, se sentó frente al humeante líquido amarillento y le dijo con cierta sorpresa:

—*Pero aquí no hay cuchara...*

—*¿Vio?* —*dijo la mujer*— *¿vio?... Falta la cuchara.*

Qué bueno sería acostumbrarnos, en las pequeñas y en las grandes cosas, a poder nombrar hechos, situaciones y emociones directamente, sin rodeos, tal como son.

Yo no hablo de precisiones pero sí de definiciones. Esto es, <u>decidir</u> desde dónde hasta dónde abarca el concepto del que hablamos. Quizás por eso me ocupe de aclarar, también, de qué <u>No</u> hablo cuando hablo de amor.

No hablo de estar enamorado cuando hablo de amor.

No hablo de sexo cuando hablo de amor.

No hablo de emociones que sólo existen en los libros.

No hablo de placeres reservados para los exquisitos.

No hablo de grandes cosas.

Hablo de una emoción capaz de ser vivida por cualquiera.

Hablo de sentimientos simples y verdaderos.

Hablo de vivencias trascendentes pero no sobrehumanas.

Hablo del amor tan sólo como querer mucho alguien.

Y hablo del querer no en el sentido etimológico de la posesión, sino en el sentido que le damos coloquialmente en nuestros países de habla hispana.

Entre nosotros, rara vez usamos el te amo, más bien decimos te quiero, o te quiero mucho, o te quiero muchísimo.

Pero ¿qué estamos diciendo con ese "**te quiero**"?

Yo creo que decimos: Me importa tu bienestar.

Nada más y nada menos.

Cuando quiero a alguien, me doy cuenta de la importancia que tiene para mí lo que hace, lo que le gusta y lo que le duele a esa persona.

Te quiero significa, pues, me importa de vos; y te amo significa: me importa muchísimo. Y tanto me importa que, cuando te amo, a veces priorizo tu bienestar por encima de otras cosas que también son importantes para mí.

Esta definición (que me importe de vos) no transforma al amor en una gran cosa, pero tampoco lo reduce a una tontería...

Conducirá, por ejemplo, a la plena conciencia de dos hechos: no es verdad que te quieran mucho aquellos a quienes no les importa demasiado tu vida y no es verdad que no te quieran los que viven pendientes de lo que te pasa.

Repito: si de verdad me querés, ¡te importa de mí!

Y por lo tanto, aunque me sea doloroso aceptarlo, si no te importa de mí, será porque no me querés. Esto no tiene nada de malo, no habla mal de vos que no me quieras, solamente es la realidad, aunque sea una triste realidad (dice la canción de Serrat:

Nunca es triste la verdad, lo que no tiene es remedio... Quizá haya que entender que eso es lo triste, que no tenga remedio).

Esa diferencia solo cuantitativa que hago entre querer y amar es la misma diferencia que hay con la mayoría de las expresiones afectivas que usamos para <u>no</u> decir Te quiero. Decimos: *me gustás, me caés simpático, te tengo afecto, te tengo cariño,* etc.

Si yo digo que quiero a mi perro, por ejemplo (lo cual es profundamente cierto), puede no parecer una gran declaración, pero no es poca cosa. No es lo mismo mi perro que cualquier otro perro, me importa lo que le pase. Y digo que quiero a mi vecino, y al señor de enfrente, pero no al de la vuelta, a ese no lo quiero. Y estoy diciendo que mucho no me importa, aunque vive a la misma distancia de mi casa que aquellos a los que quiero; pero con estos tengo algo y con aquel no tengo nada.

Y cuando viene mi mamá y me cuenta:

—No sabés quién se murió, se murió Mongo Picho.
—Ahhh, se murió.
—¿Te acordás que venía a casa?
—No...
—Cómo que no... acordate.
—Bueno, me acuerdo. ¿Y?
—Se murió.

Y a mí qué me importa. La verdad, la verdad, es que no me importa nada. Pero me importa <u>de</u> mi mamá, a la que amo, y entonces, a veces, para acompañar a mi mamá, digo:

—Pobre Mongo...
Y ella me dice:
—Sí, ¿viste? Pobre...

Esto opera desde un lugar diferente de todo lo que nos han enseñado. Porque la moral aprendida parecería apuntar a un amor indiscriminado, al amor del místico, al amor supuestamente altruista, a la relación con aquellos a los que no conozco y sin embargo ayudo con genuino interés en su bienestar. Creo que ya dije que la diferencia en ese caso es que mi interés en ellos se deriva de mi egoísta placer de ayudar, y en todo caso de un amor genérico por los demás. Quiero decir, me importa del vecino de la vuelta y del niño de Kosovo y del homeless de Dallas más allá de ellos mismos, por su simple condición de seres humanos. Pero no me refiero aquí a esto, sino a lo cotidiano, más allá de la caridad, más allá de la benevolencia, más allá de la conciencia de ser con el todo y de aprender a amarme en los demás.

Cuando empezamos a pensar en esto, nos damos cuenta de que en realidad no queremos a todos por igual y que es injusto andar equiparando la energía propia de nuestro interés ocupándonos de todos indiscriminadamente. Me parece que querer a la humanidad en su conjunto sin querer particularmente a nadie es un sentimiento reservado a los santos o una aseveración para los demagogos mentirosos y los discapacitados afectivos (aquellos que no conocen su capacidad de amar y por lo tanto no aman).

Cuando me doy cuenta sin culpa de que quiero más a unos que a otros, empiezo a destinar más interés a las cosas y a las personas que más me importan para poder verdaderamente ocuparme mejor de aquellos a quienes más quiero.

Parece mentira, pero en el mundo cotidiano muchas personas viven más tiempo ocupándose de aquellos que no les importan que de aquellos a quienes dicen querer con todo su corazón. Pasan más tiempo tratando de agradar a gente que no les interesa que tratando de complacer a la gente que aman.

Esto es una necedad.

Hay que ponerlo en orden. Hay que darse cuenta.

No es inhumano que yo sea capaz de canalizar el poco tiempo que tengo para ponerlo prioritariamente al servicio de aquellos vínculos que construí con las personas que más quiero.

Tengo que darme cuenta de la distorsión que implica pasar más tiempo con quienes no quiero estar que con los que realmente quiero.

Una cosa es que yo dedique una parte de mi atención para hacer negocios y mantenga trato cordial con gente que no conozco ni me importa, y otra cosa es la perversa propuesta del sistema que sugiere vivir en función de ellos. Esto es enfermizo, aunque ellos sean mis clientes más importantes, el jefe más influyente, un empleado eficaz o los proveedores que me permiten ganar más dinero, más gloria o más poder...

Tómense un minuto para saber de verdad quiénes son las quince, ocho, dos o cincuenta personas en el mundo que les importan. No se preocupen pensando que tal vez se olviden de alguien, porque si se olvidan quiere decir que ESE no era importante. Hagan la lista (no incluyan a los hijos, ya sabemos que nos importan más que nada) y quizás confirmen lo que ya sabían... O quizás se sorprendan.

Pueden completar esta historia dando vuelta la página y, sin ver la lista anterior, escribir los nombres de las diez personas para quienes ustedes creen ser importantes (dicho de otra manera, la lista de aquellos que nos incluirían en <u>sus</u> listas). No importa que sean o no las mismas diez personas del otro lado, quizás confirmen que hay personas a quienes queremos pero que mucho no nos quieren, y que hay gente que nos quiere pero que nosotros mucho no queremos.

Vale la pena investigarlo. Tiene sentido la sorpresa. Porque entonces vamos a poder discriminar con mucha más propiedad el tiempo, la energía y la fuerza que usamos en función de estos encuentros.

EL AMOR ES UNO SOLO

Hay muchas cosas que yo puedo hacer para demostrar, para mostrar, para corroborar, confirmar o legitimar que te quiero, pero hay una sola cosa que yo puedo hacer con mi amor, y es quererte, ocuparme de vos, actuar mis afectos como yo los sienta. Y como yo lo sienta será mi manera de quererte.

Vos podés recibirlo o podés negarlo, podés darte cuenta de lo que significa o podés ignorarlo supinamente. Pero ésta es mi manera de quererte, no hay ninguna otra disponible.

> **Cada uno de nosotros tiene una sola manera de querer, la propia.**

En el campo de la salud mental, muchas veces nos encontramos con alguien que mal aprendió, sin darse cuenta, que querer es golpear, y termina casándose con otro golpeador para sentirse querido (muchas de las mujeres golpeadas han sido hijas golpeadas).

Durante siglos se ha maltratado y lastimado a los niños mientras se les decía que esto era por el bien de ellos: "Me duele más a mí que a vos pegarte", dicen los padres.

Y a los cinco años, uno no está en condiciones de juzgar si esto es cierto o no.

Y uno condiciona su conducta.

Y uno sigue, muchas veces, comiendo mierda y creyendo que es nutritivo.

Cuando trabajé con adictos durante la época de especialización como psiquiatra, atendí a una mujer que tenía un padre alcohólico y a su vez se había casado con un alcohólico. La conocí en la clínica donde su marido estaba internado. Durante muchos años ella acompañó a su esposo a los grupos de Alcohólicos Anónimos para tratar de que superara su adicción, que llevaba más de doce años. Finalmente, él estuvo en abstinencia durante veinticuatro meses. La mujer vino a verme para decirme que, después de dieciséis años de casados, sentía que su misión ya estaba cumplida, que él ya estaba recuperado... Yo, que en aquel entonces tenía veintisiete años y era un médico recibido hacía muy poco, interpreté que en realidad lo que ella quería era curar a su papá, y entonces había redimido la historia de curar al padre curando a su marido. Ella dijo: "Puede ser, pero ya no me une nada a mi marido; he sufrido tanto por su alcoholismo, que me quedé para no abandonarlo en medio del tratamiento, pero ahora no quiero saber más nada con él". El caso es que se separaron. Un año después, incidentalmente y en otro lugar, me encontré con esta mujer que había hecho una nueva pareja. Se había vuelto a casar... con otro alcohólico.

Estas historias, que desde la lógica no se entienden, tienen mucho que ver con la manera en que uno transita sus propias cosas irresueltas, cómo uno entiende lo que es querer.

Querer y mostrarte que te quiero pueden ser dos cosas distintas para mí y para vos. Y en estas, como en todas las cosas, podemos estar en absoluto desacuerdo sin que necesariamente alguno de los dos esté equivocado.

Por ejemplo: yo sé que mi mamá puede mostrarte que te quiere de muchas maneras. Cuando te invita a su casa y cocina comida que a vos te gusta, eso significa que te quiere; ahora, si para el día que estás invitada ella prepara dos o tres de esas deliciosas comidas árabes que implican amasar, pelar, hervir y estar pendiente durante cinco o seis días de la cocina, eso para mi mamá es que te ama. Y si uno no aprende a leer esta manera, puede quedarse sin darse cuenta de que para ella esto es igual a decir te quiero. ¿Es eso ser demostrativa? ¡Qué sé yo! En todo caso esta es <u>su</u> manera de decirlo. Si yo no aprendo a leer el mensaje implícito en estos estilos, nunca podré decodificar el mensaje que el otro expresa. (Una vez por semana, <u>cuando me peso</u>, confirmo lo mucho que mi mamá me quería ¡y lo bien que yo decodifiqué su mensaje!)

Cuando alguien te quiere, lo que hace es ocupar una parte de su vida, de su tiempo y de su atención en vos.

Un cuento que viaja por el mundo de Internet me parece que muestra mejor que yo lo que quiero decir:

Cuentan que una noche, cuando en la casa todos dormían, el pequeño Ernesto de cinco años se levantó de su cama y fue al cuarto de sus padres. Se paró junto a la cama del lado de su papá y tirando de las cobijas lo despertó.

—¿Cuánto ganás, papá? —le preguntó.

—Ehhh... ¿cómo? —preguntó el padre entre sueños.

—Que cuánto ganás en el trabajo.

—Hijo, son las doce de la noche, andate a dormir.

—Sí papi, ya me voy, pero vos ¿cuánto ganás en tu trabajo?

El padre se incorporó en la cama y en grito ahogado le ordenó:

—¡Te vas a la cama inmediatamente, esos no son temas para que vos preguntes! ¡¡y menos a la medianoche!! —y extendió su dedo señalando la puerta.

Ernesto bajó la cabeza y se fue a su cuarto.

A la mañana siguiente el padre pensó que había sido demasiado severo con Ernesto y que su curiosidad no merecía tanto reproche. En un intento de reparar, en la cena el padre decidió contestarle al hijo:

—Respecto de la pregunta de anoche, Ernesto, yo tengo un sueldo de 2.800 pesos pero con los descuentos me quedan unos 2.200.

—¡Uhh!... cuánto que ganás, papi —contestó Ernesto.

—No tanto hijo, hay muchos gastos.

—Ahh... y trabajás muchas horas.

—Sí hijo, muchas horas.

—¿Cuántas papi?

—Todo el día, hijo, todo el día.

—Ahh —asintió el chico, y siguió— entonces vos tenés mucha plata ¿no?

—Basta de preguntas, sos muy chiquito para estar hablando de plata.

Un silencio invadió la sala y callados todos se fueron a dormir.

Esa noche, una nueva visita de Ernesto interrumpió el sueño de sus padres. Esta vez traía un papel con números garabateados en la mano.

—Papi ¿vos me podés prestar cinco pesos?

—Ernesto... ¡¡son las dos de la mañana!! —se quejó el papá.

—Sí pero ¿me podés...

El padre no le permitió terminar la frase.

—Así que este era el tema por el cual estás preguntando tanto de la plata, mocoso impertinente. Andate inmediatamente a la cama antes de que te agarre con la pantufla... Fuera de aquí... A su cama. Vamos.

Una vez más, esta vuelta puchereando, Ernesto arrastró los pies hacia la puerta.

Media hora después, quizás por la conciencia del exceso, quizás por la mediación de la madre o simplemente porque la culpa no lo dejaba dormir, el padre fue al cuarto de su hijo. Desde la puerta escuchó lloriquear casi en silencio.

Se sentó en su cama y le habló.

—Perdoname si te grité, Ernesto, pero son las dos de la madrugada, toda la gente está durmiendo, no hay ningún negocio abierto, ¿no podías esperar hasta mañana?

—Sí papá —contestó el chico entre mocos.

El padre metió la mano en su bolsillo y sacó su billetera de donde extrajo un billete de cinco pesos. Lo dejó en la mesita de luz y le dijo:

—Ahí tenés la plata que me pediste.

El chico se enjugó las lágrimas con la sábana y saltó hasta su ropero, de allí sacó una lata y de la lata unas monedas y unos pocos billetes de un peso. Agregó los cinco pesos al lado del resto y contó con los dedos cuánto dinero tenía.

Después agarró la plata entre las manos y la puso en la cama frente a su padre que lo miraba sonriendo.

—Ahora sí —dijo Ernesto— llego justo, nueve pesos con cincuenta centavos.

—Muy bien hijo, ¿y qué vas a hacer con esa plata?

—¿Me vendés una hora de tu tiempo, papi?

Cuando alguien te quiere, sus acciones dejan ver claramente cuánto le importás.

Yo puedo decidir hacer algo que vos querés que haga en la fantasía de que te des cuenta de cuánto te quiero. A veces sí y a veces no. Aunque no esté en mí, despertarme de madrugada el 13 de diciembre, decorar la casa y prepararte el desayuno empapelando el cuarto con pancartas, llenándote la cama de regalos y la noche de invitados... sabiendo cuánto te emociona, puedo hacerlo alguna vez. Cuando yo tenga ganas. Pero si me impongo hacerlo todos los años sólo para complacerte y lo hago, no esperes que lo disfrute. Porque si no son las cosas que yo naturalmente quiero hacer, quizás sea mejor para los dos que no las haga.

Ahora bien, si yo nunca tengo ganas de hacer estas cosas ni

ninguna de las otras que sé que te gustan, entonces algo pasa.

Con la convivencia yo podría aprender a disfrutar de agasajarte de alguna de esas maneras que vos preferís. Y de hecho así sucede. Pero esto no tiene nada que ver con algunas creencias, más o menos aceptadas por todos, que parecen contradictorias con lo que acabo de decir y con las que, por supuesto, no estoy de acuerdo.

Hablo específicamente sobre los sacrificios en el amor.

A veces la gente me quiere convencer de que más allá de la idea de ser feliz, las relaciones importantes son aquellas donde uno es capaz de sacrificarse por el otro. Y la verdad es que yo no creo que el amor sea un espacio de sacrificio. Yo no creo que sacrificarse por el otro garantice ningún amor, y mucho menos creo que ésta sea la pauta que reafirma mi amor por el otro.

El amor es un sentimiento que avala la capacidad para disfrutar juntos de las cosas y no una medida de cuánto estoy dispuesto a sufrir por vos, o cuánto soy capaz de renunciar a mí.

En todo caso, la medida de nuestro amor no la podemos condicionar al dolor compartido, aunque éste sea parte de la vida. Nuestro amor se mide y trasciende en nuestra capacidad de recorrer juntos este camino disfrutando cada paso tan intensamente como seamos capaces y aumentando nuestra capacidad de disfrutar precisamente porque estamos juntos.

LOS "TIPOS" DE AMOR, UNA FALSA CREENCIA

Cada vez que hablo sobre estos temas en una charla o en una entrevista, mi interlocutor argumenta "depende de qué tipo de amor hablemos".

Yo entiendo lo que dicen, lo que no creo es que existan clases o clasificaciones diferentes de amor determinadas por el tipo de vínculo: te quiero *como amigo*, te quiero *como hermano, como primo, como gato, como tío... como puerta* (?).

Voy a hacer una confesión grupal: Esto de los diferentes tipos de afecto lo inventó mi generación hace más o menos cuarenta o cincuenta años; antes no existía. Dejame que te cuente. En aquel entonces, los jóvenes adolescentes y preadolescentes cruzábamos nuestros primeros vínculos con el sexo opuesto en las salidas "en barra" (grupos de diez o doce jóvenes que salíamos los sábados o nos quedábamos en la casa de alguno o alguna de nosotros escuchando música o aprendiendo a bailar). En estos grupos pasaba que, por ejemplo, yo me percataba de la hermosa Graciela. Y entonces les contaba a mis amigos y amigas (a todos menos a ella) que el sábado iba a hablar con Graciela y confesarle que estaba enamorado de ella (y seguramente Graciela también se enteraba pero hacía como que no sabía). Así, el sábado, un poco más producido que de costumbre (como se diría ahora) yo me acercaba a Graciela y me "tiraba" (una especie de declaración-propuesta naïve) y ella, que no tenía la menor intención de salir conmigo porque gustaba de Pedro, pero pertenecíamos al mismo grupo, ¿qué me podía decir? El grupo la podía rechazar si me hacía daño, no podía decirme: "Salí gordo, ¿cómo pensás que me puedo fijar en vos?" No podía. Y entonces Graciela y las Gracielas de nuestros barrios nos miraban con cara de carnero degollado y nos decían: "No, dulce, yo a vos *te quiero como a un amigo*", que quería decir: "no cuentes conmigo, idiota"; lo que nos dejaba en el incómodo lugar de no saber si festejar o ponernos a llorar, porque no era un rechazo, no, era una confusión de amores.

Entonces no sabía (y después nunca supe muy bien) qué quería decir *te quiero como a un amigo*, pero yo también empecé a usarlo: *te quiero como amiga*. Una historia práctica para no decir que más allá del afecto no quiero saber nada con vos. Una respuesta funcional que supuestamente pone freno a las fantasías sexuales (como si uno no pudiera tener un revuelco con un amigo...).

Así empezó y luego se extendió:

Si no existe ni siquiera la más remota posibilidad, entonces es: *"te quiero como a un hermano"* (que quiere decir: presentame a Pedro).

Y si la persona que propone es un viejo verde o una veterana achacada, entonces hay que decir: *"te quiero como a un padre (o como a una madre)"*, respuesta que, por supuesto, nunca evita su depresión...

Vivimos hablando y calificando nuestros afectos según el tipo de amor que sentimos...

Y sin embargo, pese a nosotros, y a los usos y costumbres, no es así.

El amor es siempre amor, lo que cambia es el vínculo, y esto es mucho más que una diferencia semántica.

El ejemplo que yo pongo siempre es:

Si yo tengo una ensaladera con lechuga, le puedo agregar tomate y cebolla y hacer una ensalada mixta; o le puedo agregar remolacha, tomate, zanahoria, huevo duro y un poquito de chaucha y tendré una completa. Le puedo agregar pollo, papa y mayonesa y obtendré un salpicón de ave. Finalmente un día le puedo poner miel, azúcar y aceite de tractor y entonces quedará una basura con gusto espantoso. Y será otra ensalada.

Las ensaladas son diferentes, pero la lechuga es siempre la misma.

Hay algunas ensaladas que me gustan y otras que no.

Hay algunos afectos que a mí me resultan combinables y algunos afectos que me resultan francamente incompatibles.

Lo que cambia en todo caso es la manera en la expreso mi amor en el vínculo que yo establezco con el otro, pero no el amor.

Son las otras cosas agregadas al afecto las que hacen que el encuentro sea diferente.

Puede ser que además de quererte me sienta atraído sexualmente, que además quiera vivir con vos o quiera que compartamos el resto de la vida, tener hijos y todo lo demás. Entonces, este amor será el que se tiene en una pareja.

Puede ser que yo te quiera y que además compartamos una historia en común, un humor que nos sintoniza, que nos riamos de las mismas cosas, que seamos compinches, que confiemos uno en el otro y que seas mi oreja preferida para contarte mis cosas. Entonces serás mi amigo o mi amiga.

Para mí existe mi manera de amar y tu manera de amar. Por supuesto, existen vínculos diferentes. Si te quiero, cambiará mi relación con vos según las otras cosas que le agregamos al amor, pero insisto, no hay diferentes tipos de cariño.

En última instancia, el amor es siempre el mismo. Para bien y para mal, mi manera de querer es siempre única y peculiar.

Si yo sé querer a los demás en libertad y constructivamente, quiero constructiva y libremente a todo el mundo.

Si soy celoso con mis amigos, soy celoso con mi esposa y con mis hijos.

Si soy posesivo, soy posesivo en todas mis relaciones, y más posesivo cuanto más cerca me siento.

Si soy asfixiante, cuanto más quiero más asfixiante soy, y más anulador si soy anulador.

Si he aprendido a mal querer, cuanto más quiera más daño haré.

Y si he aprendido a querer bien, mejor lo haré cuanto más quiera.

Claro, esto genera problemas. Hay que advertir y estar advertido.

Decirle a mi pareja que yo la quiero de la misma manera que a mi mamá y a una amiga, seguramente provoque inquietud en las tres. Pero se inquietarían injustamente, porque esta es la verdad.

Quiero a mi mamá, a mi esposa y a mi amiga con el único cariño que yo puedo tener, que es el mío. Lo que pasa es que, además, a mi mamá, a mi esposa y a mi amiga me unen cosas diferentes, y esto hace que el vínculo y <u>la manera que tengo de expresar lo que siento</u> cambie de persona en persona.

Los afectos cambian solamente en intensidad. Puedo querer más, puedo querer menos, puedo querer un montón y puedo querer muy poquito.

Puedo querer tanto como para llegar a aquello que dijimos que es el amor, a que me alegre tu sola existencia más allá de que estés conmigo o no.

Puedo querer muy poquito y esto significará que no me da lo mismo que vivas o que no vivas, no me da lo mismo que te pise un tren o no, pero tampoco me ocuparía demasiado en evitarlo. De hecho casi nunca te visito, no te llamo por teléfono, nunca pregunto por vos, y cuando venís a contarme algo siempre estoy muy ocupado mirando por la ventana. Pensar que podrías sentirte dolido no me da lo mismo pero tampoco me quita el sueño.

DESENGAÑO

¿Es tan fácil darse cuenta cuando a uno no lo quieren?

¿Basta con mirar al otro fijamente a los ojos? ¿Alcanza con verlo moverse en el mundo? ¿Es suficiente con preguntarle o preguntarme...?

Si así fuera, ¿cómo se explica tanto desengaño? ¿Por qué la gente se defrauda tan seguido si en realidad es tan sencillo darse cuenta de cuánto les importamos o no les importamos a los que queremos?

¿Cómo puede asombrarnos el descubrimiento de la verdad del desamor?

¿Cómo pudimos pensarnos queridos cuando en realidad no lo fuimos?

Tres cosas hay que impiden nuestra claridad:

La primera está reflejada en el cuento La Ejecución que relato en *Recuentos para Demián*[4].

La historia (un maravilloso cuento nacido en Oriente hace por lo menos 1500 años) cuenta, en resumen, de un rey poderoso y tiránico y de un sacerdote sabio y bondadoso. En el relato, el sabio sacerdote planea una trampa para el magistrado. Varios de sus discípulos se pelean para que el rey los condene a ser decapitados. El rey se sorprende de esta decisión suicida masiva y empieza a investigar hasta que "descubre" en las escrituras sagradas un texto que asegura que quien sea muerto a manos del verdugo el primer día después de la luna llena, renacerá y será inmortal. El rey, que lo único que teme es la muerte, decide pedirle a su verdugo que le corte la cabeza en la mañana del día señalado.

...Eso fue lo que sucedió y, por supuesto, por fin el pueblo se liberó del tirano. Los discípulos preguntaron:

—¿Cómo pudo este hombre que oprimió a nuestro pueblo, astuto como un chacal, haberse creído algo tan infantil como la idea de seguir viviendo eternamente después que el verdugo cortara su cabeza?

Y el maestro contestó:

—Hay aquí algo para aprender... Nadie es más vulnerable a creerse algo falso que aquel que <u>desea</u> que la mentira sea cierta.

¿Cómo no voy a entender que miles de personas vivan sus vidas en pareja o en compañía creyendo que son queridas por aquel que no las quiere o por el que no las quiso nunca?

Quiero, ambiciono y deseo tanto que me quieras, tengo tanta necesidad de que vos me quieras, que quizás pueda ver en cualquiera de tus actitudes una expresión de tu amor.

Tengo tantas ganas de creerme esa mentira (como el rey del cuento), que no me importa que sea evidente su falsedad.

Schopenhauer lo ilustra en una frase sugiriendo que "se puede querer, pero no se puede querer lo que se quiere".

La segunda causa de confusión es el intento de erigirse en parámetro evaluador del amor del prójimo. Por lo menos desde el lugar de comparar lo que soy capaz de hacer por el amado con lo que él o ella hacen por mí.

El otro no me quiere como yo lo quiero y mucho menos como yo quisiera que me quiera, el otro me quiere a su manera.

El mundo está compuesto por seres individuales y personales que son únicos y absolutamente irreproducibles. Y como ya dijimos, la manera de él no necesariamente es la mía, es la de él, porque él es una persona y yo soy otra. Además, si me quisiera exactamente a mi manera, él no sería él, él sería una prolongación de mí.

Ella quiere de una manera y yo quiero de otra, por suerte para ambos.

Y cuando yo confirmo que ella no me quiere como yo la quiero a ella, ni tanto ni de la misma manera, al principio del camino me decepciono, me defraudo y me convenzo de que la única manera de querer es la mía. Así deduzco que ella sencillamente no me quiere. Lo creo porque no expresa su cariño como lo expresaría yo. Lo confirmo porque no actúa su amor como lo actuaría yo.

Es como si me transformara, ya no en el centro del universo sino en el dueño de la verdad: Todo el mundo tiene que expresar todas las cosas como yo las expreso, y si el otro no lo hace así, entonces no vale, no tiene sentido o es mentira, una conclusión que muchas veces es falsa y que conduce a graves desencuentros entre las personas.

En la otra punta están aquellos que frente al desamor desconfían de lo que perciben porque atenta contra su vanidad.

A medida que recorro el camino del encuentro, aprendo a aceptar que quizás no me quieras.

Y lo acepto tanto desde permitirme el dolor de no ser querido como desde la humildad.

Hablo de humildad porque esta es la tercera razón para no ver:

"¡Cómo no me vas a querer a mí, que soy tan maravilloso, espectacular, extraordinario! Dónde vas a encontrar a otro, otra, como yo, que te quiera como yo, que te atienda como yo y te haya dado los mejores años de su vida. Cómo no vas a quererme a mí..."

Es tan fácil no quererme a mí como no querer a cualquier otro.

El afecto es una de las pocas cosas cotidianas que no depende sólo de lo que hagamos nosotros ni exclusivamente de nuestra decisión, sino de que, de hecho, suceda. Quizás pueda impedirlo, pero no puedo causarlo. Sucede o no sucede, y si no sucede, no hay manera de hacer que suceda, ni en mí ni en vos.

Si me sacrifico, me mutilo y cancelo mi vida por vos, podré conseguir tu lástima, tu desprecio, tu conmiseración, quizás hasta gratitud, pero no conseguiré que me quieras, porque eso no depende de lo que yo pueda hacer.

Cuando mamá o papá no nos daban lo que les pedíamos, les decíamos "sos mala/o, no te quiero más" y ahí terminaba todo.

La decisión de dejar de amar como castigo.

Pero los adultos sabemos que esto es imposible. Sabemos que no existe nuestro viejo conjuro infantil "corto mano y corto fierro..."

LA CREENCIA DEL AMOR ETERNO

Quizás el más dañoso y difundido de los mitos acerca del amor es el que promueve la falsa idea de que el "verdadero amor" es eterno. Los que lo repiten y sostienen pretenden convencernos de que si alguien te ama, te amará para toda la vida; y que si amás a alguien, esto jamás cambiará.

Y sin embargo, a veces, lamentable y dolorosamente, el sentimiento se aletarga, se consume, se apaga y se termina... Y cuando eso sucede, no hay nada que se pueda hacer para impedirlo.

Estoy diciendo que se deja de querer.

Claro, no siempre, pero se puede dejar de querer.

Creer que el amor es eterno es vivir encadenado al engaño infantil de que puedo reproducir en lo cotidiano aquel vínculo que alguna vez tuve real o fantaseado: el amor de mi madre: un amor infinito, incondicional y eterno.

Dice Jacques Lacan que es éste el vínculo que inconscientemente buscamos reproducir, un vínculo calcado de aquel en muchos aspectos.

Ya hablaremos de esta búsqueda y de la supuesta eternidad cuando lleguemos al tema de la pareja, pero mientras tanto deshagámonos, si es posible para siempre, de la idea del amor incólume y asumamos con madurez, como dice Vinicius de Moraes, que

el amor es una llama que consume
y consume porque es fuego,
un fuego eterno... mientras dure.

Mi consultorio, en problemas afectivos, se divide en tres grandes grupos de personas: aquellas que quieren ser queridas más de lo que son queridas, aquellas que quieren dejar de querer a aquel que no las quiere más porque les es muy doloroso, y aquellas que les gustaría querer más a quien ya no quieren, porque todo sería más fácil.

Lamentablemente, todos se enteran de las mismas malas noticias: no sólo no podemos hacer nada para que nos quieran, sino que tampoco podemos hacer nada para dejar de querer.

Qué fácil sería todo si se pudiera elevar el quererómetro apretando un botón y querer al otro más o menos de lo que uno lo quiere, o girar una canilla hasta conseguir equiparar el flujo de tu emoción con el mío.

Pero las cosas no son así. La verdad es que no puedo quererte más que como te quiero, no podés quererme ni un poco más ni un poco menos de lo que me querés.

Bien, ya sabemos lo que No Es. Pero ¿qué es realmente el amor?

NOTAS SOBRE VÍNCULO AFECTIVO

Eres el camino y eres la meta;
no hay distancia entre tú y la meta.
Eres el buscador y eres lo buscado;
no hay distancia entre la búsqueda
y lo encontrado.
Eres el adorador y eres lo adorado.
Eres el discípulo y eres el maestro.
Eres los medios y eres el fin.
Este es el Gran Camino.

Osho (*El libro de la nada*)

En sus orígenes, el término *vínculo* y el término *afecto* nos remiten a conceptos o acciones que pueden ser tanto negativas como afirmativas, es decir a conceptos neutrales. Ninguno de ellos nos hace explícito si el lazo con lo otro es positivo o negativo. Debemos establecer entonces que el amor es un vínculo afectivo y que el odio también lo es, y que tanto el placer del encuentro como el dolor del desencuentro nos vinculan afectivamente.

Siendo esquemáticos, se podría clasificar los vínculos en tres grandes grupos según el punto de atención del encuentro afectivo:

El vínculo con un ente metafísico (Dios, fuerza cósmica, la naturaleza, etc.)

El vínculo con un objeto (una obra de arte, un objeto valioso, etc.)

El vínculo con lo humano (amigo, novio, familiar o uno mismo).

El primero lo asociamos comúnmente con la religión. En el segundo podemos hablar de "materialismo", de consumismo, o incluso de fetichismo.

El encuentro **con lo humano**, en su mejor dimensión, está representado por el amor del que hablo y, según Rousseau, es fuente del genuino y primigenio vínculo interpersonal.

AMOR Y AMISTAD

Cuando me enredo en estas delirantes divagaciones y pienso en vos que me leés, me pregunto si podrás compartir conmigo mi pasión por los orígenes de las palabras.

A modo de disculpa y justificación, dejame que te cuente un cuento:

La función de cine está por comenzar. Sobre la hora, una mujer muy elegante llega, presenta su ticket y sin esperar al acomodador avanza por el pasillo buscando un lugar de su agrado.

En la mitad de la sala ve a un hombre con aspecto de vaquero tejano, con botas y sombrero, vestido con jeans y una estridente camisa con flecos, indudablemente borracho y literalmente despatarrado por encima de las butacas centrales de las filas 13, 14, 15 y 16. Indignada, la mujer sale de la sala a buscar al responsable y lo trae tironeándolo mientras le dice:

—No puede ser... dónde vamos a parar, es una falta de respeto... bla, bla, bla...

El acomodador llega hasta el tipo, que le sonríe desde detrás de su elevada alcoholemia, y sorprendido por su aspecto lo increpa:

—¿Usted de dónde salió?

Y el borracho, tratando de articular su respuesta, le contesta extendiendo el dedo hacia arriba:

—DEL... SU... PER PUL... MAN.

No digo siempre, pero a veces, saber de dónde vienen las cosas ayuda a comprender lo que quieren decir.

La discusión filosófica con respecto al amor empieza con los griegos, que como se preguntaban por la naturaleza de todas las cosas, también se preguntaban por la del amor (lo que ya implicaba que el amor tiene una "naturaleza", porque sólo aquello que posee una naturaleza puede cuestionarse). Cuál era esa naturaleza o, en nuestros términos, ¿qué es el amor? La respuesta implica desde ya una proposición que algunos pueden oponerse a dar como posible ya que se tiene por creencia de antemano que el amor es conceptualmente irracional, en el sentido de que no se puede describir en proposiciones racionales o significativas. Para tales críticos, el amor se limita a una expulsión de emociones que desafía el examen racional.

La palabra *amor* posiblemente no llegue al español en forma directa del latín. De hecho, el correspondiente verbo "amar" nunca se ha empleado popularmente en la mayoría de países de lengua latina. Según Ortega y Gasset, los romanos la aprendieron de los etruscos, un pueblo mucho más civilizado que dominó a Roma y que influyó poderosamente en su idioma, su arte y su cultura. ¿Pero de dónde viene la palabra etrusca amor? Puede ser que tenga alguna relación con la palabra "madre" (en español antiguo, en euskera y en otras lenguas, la palabra *ama* significa "madre"). Corominas, sin embargo, sostiene que el latín *amare* y todos sus derivados —*amor, amicus, amabilis, amenus*— son de origen indoeuropeo y que su significado inicial hacía referencia al deseo sexual (también en inglés *love* se deriva de formas germánicas del sánscrito *lubh* = deseo).

En todo caso, siempre fue difícil definir el concepto de "amor", aun etimológicamente, y hasta cierto punto la ayuda podría venirnos una vez más de la referencia a otros términos griegos. Ellos nos hablaban de tres sentimientos amorosos: eros, philia y ágape.

El término <u>eros</u> (*erasthai*) refiere a menudo un deseo sexual (de ahí la noción moderna de "erótico"). La posición socrático-platónica sostiene que eros se busca aunque se sabe de antemano que no puede alcanzarse en vida, lo cual nos evoca desde el inicio la tragedia.

La reciprocidad no es necesaria porque es la apasionada contemplación de lo bello, más que la compañía de otro, lo que debe perseguirse.

Eros es hijo de Poros (riqueza) y Penia (pobreza). Es, pues, carencia y deseo y también abundancia y posesividad.

Platón describe el amor emparentado con la locura, con el delirio del hombre por el conocimiento, planteado como recuerdo de un saber ya adquirido por el alma, que el hombre recupera yendo a través de los sentidos hacia la unidad de la idea.

Queda claro cómo en la filosofía griega, sobre todo en la platónica, se da a este amor una significación de búsqueda que es, a la vez, conocimiento.

Por contraste al deseo y el anhelo apasionado de eros, _philia_ trae consigo el cariño y la apreciación del otro. Para los griegos, el término philia incorporó no sólo la amistad, sino también las lealtades a la familia y a la polis (la ciudad).

La primera condición para alcanzar la elevación es para Aristóteles que el hombre se ame a sí mismo. Sin esta base egoísta, philia no es posible.

Ágape, en cambio, se refiere al amor de honra y cuidado que se da básicamente entre Dios y el hombre y entre el hombre y Dios, extendido desde allí al amor fraternal con toda la humanidad. Ágape utiliza los elementos tanto de eros como de philia. Se distingue en que busca una clase perfecta de amor que es inmediatamente un trascender el particular, una philia sin la necesidad de la reciprocidad.

Todos los filósofos han hablado desde entonces del amor y su significado, pero dos aportaciones que me parecen fundamentales son la del psicoanálisis de Freud y la del existencialismo de Sartre.

Según Freud, el amor es de alguna manera sublimación de un instinto (pulsión) que nos conecta con la vida, "eros" que se enfrentará en nuestra vida con un instinto de muerte, "thanatos", transformando nuestro devenir en una lucha entre dos fuerzas, una constructiva y la otra aniquiladora.

Para Sartre, amar es, en esencia, el proyecto de hacerse amar. Como la libertad del otro es irreductible, si deseamos poseer su interés y su atención no basta con poseer el cuerpo, hay que adueñarse de su subjetividad, es decir, de su amor; "el amor

—dice el existencialismo— es *una empresa contradictoria conde-*
nada de antemano al fracaso"... El imposible aparece en la in-
compatibilidad entre renunciar a la subjetividad (amar) y la resistencia a perder la libertad (virtud existencial).

Aunque quizás... quizás no sea así.

Cuenta una vieja leyenda de los indios sioux que, una vez, has-
ta la tienda del viejo brujo de la tribu llegaron, tomados de la ma-
no, Toro Bravo, el más valiente y honorable de los jóvenes guerre-
ros, y Nube Alta, la hija del cacique y una de las más hermosas mu-
jeres de la tribu.

—Nos amamos —empezó el joven.

—Y nos vamos a casar —dijo ella.

—Y nos queremos tanto que tenemos miedo.

—Queremos un hechizo, un conjuro, un talismán.

—Algo que nos garantice que podremos estar siempre juntos.

—Que nos asegure que estaremos uno al lado del otro hasta en-
contrar a Manitú el día de la muerte.

—Por favor —repitieron—, ¿hay algo que podamos hacer?

El viejo los miró y se emocionó de verlos tan jóvenes, tan enamo-
rados, tan anhelantes esperando su palabra.

—Hay algo... —dijo el viejo después de una larga pausa—. Pe-
ro no sé... es una tarea muy difícil y sacrificada.

—No importa —dijeron los dos.

—Lo que sea —ratificó Toro Bravo.

—Bien —dijo el brujo—, Nube Alta, ¿ves el monte al norte de
nuestra aldea? Deberás escalarlo sola y sin más armas que una red
y tus manos, y deberás cazar el halcón más hermoso y vigoroso del
monte. Si lo atrapas, deberás traerlo aquí con vida el tercer día des-
pués de la luna llena. ¿Comprendiste?

La joven asintió en silencio.

—Y tú, Toro Bravo —siguió el brujo—, deberás escalar la mon-

taña del trueno y cuando llegues a la cima, encontrar la más bravía de todas las águilas y solamente con tus manos y una red deberás atraparla sin heridas y traerla ante mí, viva, el mismo día en que vendrá Nube Alta... Salgan ahora.

Los jóvenes se miraron con ternura y después de una fugaz sonrisa salieron a cumplir la misión encomendada, ella hacia el norte, él hacia el sur...

El día establecido, frente a la tienda del brujo, los dos jóvenes esperaban con sendas bolsas de tela que contenían las aves solicitadas.

El viejo les pidió que con mucho cuidado las sacaran de las bolsas. Los jóvenes lo hicieron y expusieron ante la aprobación del viejo los pájaros cazados. Eran verdaderamente hermosos ejemplares, sin duda lo mejor de su estirpe.

—¿Volaban alto? —preguntó el brujo.

—Sí, sin dudas. Como lo pediste... ¿Y ahora? —preguntó el joven—. ¿Los mataremos y beberemos el honor de su sangre?

—No —dijo el viejo.

—Los cocinaremos y comeremos el valor en su carne —propuso la joven.

—No —repitió el viejo—. Hagan lo que les digo. Tomen las aves y átenlas entre sí por las patas con estas tiras de cuero... Cuando las hayan anudado, suéltenlas y que vuelen libres.

El guerrero y la joven hicieron lo que se les pedía y soltaron los pájaros.

El águila y el halcón intentaron levantar vuelo pero sólo consiguieron revolcarse en el piso. Unos minutos después, irritadas por la incapacidad, las aves arremetieron a picotazos entre sí hasta lastimarse.

—Este es el conjuro. Jamás olviden lo que han visto. Son ustedes como un águila y un halcón; si se atan el uno al otro, aunque lo hagan por amor, no sólo vivirán arrastrándose, sino que además,

tarde o temprano, empezarán a lastimarse uno al otro. Si quieren
que el amor entre ustedes perdure, vuelen juntos pero jamás atados.

A esta lista de Eros, Philia y Ágape, me gustaría añadir entonces
un concepto adicional, un modelo de encuentro: la intimidad.

> *Estar en contacto íntimo no significa abusar de los demás ni vivir feliz eternamente. Es comportarse con honestidad y compartir logros y frustraciones. Es defender tu integridad, alimentar tu autoestima y fortalecer tus relaciones con los que te rodean. El desarrollo de esta clase de sabiduría es una búsqueda de toda la vida que requiere entre otras cosas mucha paciencia.*
>
> Virginia Satir

Como ya sabemos, hay diferentes intensidades en los vínculos afectivos que establecemos con los demás. En un extremo están los vínculos cotidianos sin demasiado compromiso ni importancia, a los que más que encuentros prefiero llamar genéricamente cruces. Y los llamo así porque funcionan como tales: el camino de un hombre y de una mujer se acercan, y se acercan y se acercan hasta que consiguen tocarse; pero en ese mismo momento de unión empiezan a alejarse, alejarse y alejarse.

En el otro extremo están los vínculos más intensos, más duraderos. Nuestros caminos se juntan y durante un tiempo compartimos el trayecto, caminamos juntos. A estos encuentros, cuando son profundos y trascendentes, me gusta llamarlos vínculos íntimos.

No me refiero a la intimidad como sinónimo de privacidad ni de vida sexual, no hablo de la cama o de la pareja, sino de todos los encuentros trascendentes. Hablo de las relaciones entre amigos, hermanos, hombres y mujeres, cuya profundidad permita pensar en algo que va más allá de lo que en el presente compartimos.

Las relaciones íntimas tienen como punto de mira la idea de no quedarse en la superficie, y es esta búsqueda de profundidad la que les da la estabilidad para permanecer y trascender en el tiempo.

Una relación íntima es una relación afectiva que sale de lo común porque empieza en el acuerdo tácito de la cancelación del miedo a exponernos y en el compromiso de ser quienes somos.

La palabra compromiso viene de "promesa", y da a la relación una magnitud diferente. Un vínculo es comprometido cuando está relacionado con honrar las cosas que nos hemos dicho, con la posibilidad de que yo sepa, anticipadamente, que puedo contar con vos. Sólo sintiendo honestamente el deseo de que me conozcas puedo animarme a mostrarme tal como soy, sin miedo a ser rechazado por tu descubrimiento de mí.

Al decir de Carl Rogers, *cuando percibo tu aceptación total, entonces y sólo entonces puedo mostrarte mi yo más amoroso, mi yo más creativo, mi yo más vulnerable.*

La relación íntima me permite, como ninguna, el ejercicio absoluto de la autenticidad.

La franqueza, la sinceridad y la confianza son cosas demasiado importantes como para andar regalándoselas a cualquiera. Siempre digo que hay una gran diferencia entre sinceridad y sincericidio (decirle a mi jefe que tiene cara de caballo se parece más a una conducta estúpida que a una decisión filosófica).

En la vida cotidiana no ando mostrándole a todo el mundo quién soy, porque la sinceridad es una actitud tan importante que hay que reservarla sólo para algunos vínculos, como veremos más adelante.

Intimidad implica entrega y supone un entorno suficientemente seguro como para abrirnos. Sólo en la intimidad puedo darte todo aquello que tengo para darte.

Porque la idea de la entrega y la franqueza tiene un problema. Si yo me abro, quedo en un lugar forzosamente vulnerable.

Desde luego que sí, la intimidad es un espacio vulnerable por definición y por lo tanto inevitablemente riesgoso. Con el corazón abierto, el daño que me puede hacer aquel con quien intimo es mucho mayor que en cualquier otro tipo de vínculo.

La entrega implica sacarme la coraza y quedarme expuesto, blandito y desprotegido.

Intimar es darle al otro las herramientas y la llave para que pueda hacerme daño teniendo la certeza de que no lo va a hacer.

Por eso, la intimidad es una relación que no se da rápidamente, sino que se construye en un proceso permanente de desarrollo y transformación. En ella, despacito, vamos encontrando el deseo de abrirnos, vamos corriendo uno por uno todos los riesgos de la entrega y de la autenticidad, vamos develando nuestros misterios a medida que conquistamos más espacios de aceptación y apertura.

Una de las características fundamentales de estos vínculos es el respeto a la individualidad del otro.

La intimidad sucederá solamente si soy capaz de soslayarme, regocijarme y reposarme sobre nuestras afinidades y semejanzas, mientras reconozco y respeto todas nuestras diferencias.

De hecho, puedo intimar únicamente si soy capaz de darme cuenta de que somos diferentes y si tomo, no sólo la decisión de aceptar eso distinto que veo, sino además la determinación de hacer todo lo posible para que puedas seguir siendo así, diferente, como sos.

> **Las semejanzas llevan a que nos podamos juntar.**
> **Las diferencias permiten que nos sirva estar juntos.**

Por supuesto que también puede pasar que, en este proceso, cuando finalmente esté cerca y consiga ver con claridad al pasajero dentro del carruaje, descubra que no me gusta lo que veo.

Puede suceder y sucede. A la distancia, el otro me parece fantástico, pero a poco de caminar juntos me voy dando cuenta de que en realidad no me gusta nada lo que empiezo a descubrir.

La pregunta es: ¿Puedo tener una relación íntima con alguien que no me gusta?

La respuesta es NO.

Para poder construir una relación de intimidad hay ciertas cosas que <u>tienen</u> que pasar.

Tres aspectos de los vínculos humanos que son como el trípode de la mesa en la cual se apoya todo que constituye una relación íntima.

Esas tres patas son:

> **Amor**
> **Atracción**
> **Confianza**

Uno puede estudiar y trabajar para comunicarse mejor, uno puede aprender a respetar al otro porque no sabe, uno puede aprender a abrir su corazón... pero hay cosas que no se aprenden porque no se hacen, suceden. Hay cosas que tienen que pasar.

Sin estas tres patas, la intimidad no existe. Tan así es, que si en una relación construida con intimidad desaparece el afecto, la confianza o la atracción, toda la intimidad conquistada se derrumba. El vínculo se transforma en una buena relación interpersonal, una relación intensa o agradable, pero no tendrá más la característica de una relación íntima.

Para que la relación íntima perdure, es decir, para que el trípode donde se apoya la relación permanezca incólume, tengo que ser capaz de seguir queriéndote, tengo que poder confiar en vos, tenés que seguir resultándome una persona atractiva.

Para que tengamos intimidad, es imprescindible que me quieras, que confíes en mí y que te guste.

Esto de las tres patas no sería tan problemático si no fuera por ese pequeño, diminuto y terrible detalle: <u>Ninguna de estas tres cosas</u> (amor, confianza y atracción) <u>depende de nuestra voluntad.</u>

Lo dramáticamente importante es que yo no puedo elegir que suceda ninguna de estas tres cosas. Se dan o no se dan, no dependen de mi decisión. Yo no decido quererte, no decido confiar en vos y no decido que me gustes. Por mucho que yo me esfuerce, no hay nada que yo pueda hacer si no me pasa.

Por eso, la intimidad es algo que se da cuando, en una relación de dos, a ambos nos están pasando estas tres cosas: nos queremos, confiamos en el otro y nos sentimos atraídos. El resto lo podemos construir.

Ni siquiera podemos hacer nada para querer a alguien que ya no queremos, para que nos guste alguien que ya no nos gusta ni para confiar en alguien en quien ya no confiamos.

Por supuesto, no estoy diciendo que sentir o no sentir estas tres cosas sea independiente de lo que el otro sea o haga. Es más, sin demasiado trabajo nos podemos dar cuenta de que si bien es cierto que no puedo hacer nada para quererte, para que me atraigas o para confiar en vos, vos sí podés hacer algo.

Yo puedo hacer cosas para que vos te des cuenta de que soy confiable, y puedo hacer cosas para tratar de agradarte y para despertar en vos el amor por mí.

Pero no hay nada que yo pueda hacer para sentir lo mismo por vos si no está sucediéndome.

Si mi afecto, mi atracción y mi confianza dependen de alguien, es mucho más de vos que de mí.

Del amor hemos hablado y seguiremos hablando, pero quiero ocuparme aquí de las otras dos patas de esta mesa.

Para que haya una verdadera relación íntima, el otro me tiene que atraer.

No importa si es un varón, una mujer, un amigo, un hermano... el otro tiene que ser atractivo para mí. Me tiene que gustar lo que veo, lo que escucho, lo que es el otro es. No todo, pero me tiene que gustar.

Si en verdad el otro no me gusta, si no hay nada que me atraiga, podremos tener una relación cordial, podremos trabajar juntos, podremos cruzarnos y hacer cosas de a dos, pero no vamos a poder intimar.

Para poder intimar, además de la apertura, la confianza, la capacidad para exponerme, el vínculo afectivo, la afinidad, la capacidad de comunicación, la tolerancia mutua, las experiencias compartidas, los proyectos, el deseo de crecer y demás, como si fuera poco, el otro, fundamentalmente, tiene que gustarme, tengo que poder ser atraído por el otro.

El gusto por el otro no es necesariamente físico. Puede gustarme su manera de decir las cosas, su manera de hacer, su pensamiento, su corazón. Pero, repito, la atracción tiene que estar.

Existen algunas parejas a las que les gustaría mucho intimar, pero se encuentran con que si bien es cierto que se quieren muchísimo y que pueden confiar, algo ha pasado con la posibilidad de gustarse mutuamente: se ha perdido. Entonces llegan a un consultorio, hablan con una pareja amiga o con un sacerdote y dicen: "No sé qué nos pasa, nada es igual, no tenemos ganas de vernos, no sé si nos queremos o no", y a veces, lo único que pasa es que la atracción ha dejado de suceder hace tiempo.

Anímense a hacer un ejercicio.

Elijan a alguien con quien creen que tienen una relación íntima y hagan cada uno por separado una lista de todo lo que creen que hoy les atrae de esa persona. Atención, digo HOY. No lo que les atrajo allá y entonces, sino lo que les gusta de ese otro <u>ahora</u>. Después, siéntense un largo rato juntos y compartan sus listas. Aprovechen a decírselo en palabras. Es tan lindo escuchar al otro decir: "Me gusta de vos..."

De las tres patas, la de la atracción tiene una característica especial: es la única que no tiene memoria.

Yo no puedo sentirme atraído por lo que fuiste, sino por lo que sos.

Sin embargo yo recuerdo aquel día en que te conocí. Pienso en ese momento y se alegra el alma al rememorar. Es verdad, pero eso no es atracción, es nostalgia.

Puedo amarte por lo que fuiste, por lo que representaste en mi vida, por nuestra historia. De hecho, confío en vos por lo que ha pasado entre nosotros, por lo que has demostrado ser. Pero la atracción funciona en el presente porque es <u>amnésica</u>.

La tercera pata de la mesa es la confianza y hablar de ella requiere la comprensión de algunos conceptos previos.

Hace muchos años, cuando pensaba por primera vez en estas cosas para la presentación del tema en las charlas de docencia terapéutica, diseñé un esquema que a pesar de no representar fielmente la realidad absoluta (como todos los esquemas), nos permitirá, espero, comprender algunas de nuestras relaciones con los demás.

Digo que es justamente el manejo de la información que poseemos sobre lo interno y lo externo lo que clasifica los vínculos en tres grandes grupos:

Las relaciones cotidianas
Las relaciones íntimas
Las relaciones francas

En las relaciones del primer grupo, que son la mayor parte de mis relaciones, yo soy el que decido si soy sincero, si miento o si oculto. Es mi decisión, y no las reglas obligadas del vínculo, la que decide mi acción.

¿Pero cómo? ¿Es lícito mentir? Veinte años después sigo pensando lo que escribí en *Cartas para Claudia*[5]: el hecho de que yo sepa que puedo mentir es lo que hace valioso que sea sincero.

En las relaciones íntimas, en cambio, no hay lugar para la mentira. Puedo decir la verdad o puedo ocultarla, pero por definición estas relaciones no admiten la falsedad.

Pero ¿cuál es la diferencia entre mentir y ocultar?

Ocultar, en el sentido de no decir, es parte de mi libertad y de mi vida privada. Y tener una relación íntima con alguien no quiere decir terminar con mi libertad ni con mi derecho a la privacidad. Intimar con alguien no significa que yo no pueda reservar un rinconcito para mí solo.

Si yo tengo una relación íntima con mi esposa, entonces es parte de lo pactado que no le miento ni me miente. Supongamos que me encuentro con mi hermano y tengo una charla con él y por alguna razón decido que no quiero contarle a Perla lo que hablé con Cacho porque presumo, digamos, que a él no le gustaría. Es obvio que es mi derecho no decirle lo que hablé con mi hermano si no quiero, porque pertenece a mi vida y en todo caso a la de mi hermano. Pero cuando llego a mi casa, inocentemente mi esposa me dice: "¿De dónde venís?". Tenemos un pacto de no mentirnos, no puedo contestarle: "Del banco", porque eso sería falso. Entonces le digo: "De estar con mi hermano", deseando que no siga preguntando. Pero en el ejemplo ella me dice: "Ah... ¿y qué dice tu hermano?". No puedo decirle: "Nada", porque sería mentirle. No puedo decirle: "No te puedo decir", porque también sería mentira (de hecho, como poder, puedo). Entonces ¿qué hago? No quiero contarle y tampoco quiero mentirle. Como tengo una relación íntima con ella, un vínculo que permite ocultar pero no mentir, entonces le digo, simplemente: "No quiero contarte". Lo hablado con Cacho pertenece a mi vida personal, y he decidido ocultar de qué hablamos, pero no estoy dispuesto a mentir.

¿No sería más fácil una mentirita sin importancia en lugar de tanta historia? ¿Algo como "él me pidió que no lo contara" o "estuvimos hablando de negocios"? Claro que sería más fácil. Pero aunque parezca menor, esa sola mentira derrumbaría toda la estructura de nuestra intimidad. Si vas a tomarte el derecho de decidir cuándo es mejor una pequeña mentira, entonces nunca podré saber cuándo me estás diciendo la verdad.

En este nivel vincular yo no puedo saber si me estás diciendo toda la verdad, pero tengo la certeza de que todo lo que me estás diciendo es verdad.

Respecto del último estrato, el de la franqueza, reservo este espacio para aquellos vínculos excepcionales, uno o dos en la vida, que uno establece con su amigo o su amiga del alma. Un vínculo donde ni siquiera hay lugar para ocultar.

Cuando en términos de intimidad hablo de confianza, me refiero a la certeza a priori de que no me estás mintiendo. Puede ser que decidas no contarme algo, que decidas no compartir algo conmigo, es tu derecho y tu privilegio, pero no me vas a mentir, lo que decidas decirme es la verdad, o al menos lo que honestamente vos creés que es la verdad. Podés estar equivocado, pero no me estás mintiendo.

La confianza en una relación íntima implica tal grado de sinceridad con el otro, que yo no contemplo la posibilidad de mentirle.

Es importante acceder a este desafío: darse cuenta de que el amor, la atracción y la confianza son cosas que suceden o que no suceden. Y si no suceden, la relación puede ser buena, pero no será íntima y trascendente.

Siempre digo que la vida es una transacción no comercial, una transacción a secas donde uno da y recibe. La intimidad está muy relacionada con aquello que doy y aquello que recibo. Y esto es algo que a veces cuesta aprender.

Hay gente que va por el mundo creyendo que tiene que dar todo el tiempo sin permitir que le den nada, creyendo que con su sacrificio están contribuyendo a sostener el vínculo. Si supieran lo odioso que estar al lado de alguien que da todo el tiempo y no quiere recibir, se llevarían una sorpresa.

Creen que son buenos porque están todo el tiempo dando, "sin pedir nada a cambio". Es muy fastidioso estar al lado de alguien que no puede recibir.

Una cosa es no pedir cosas a cambio de lo que doy y otra muy distinta es negarme a recibir algo que me dan o rechazarlo porque yo decidí que no me lo merezco. Muy en el fondo el mensaje es "lo que das no sirve", "tu opinión no importa", "lo tuyo no vale" y "vos no sabés".

Hay que saber el daño que le hacemos al otro por negarnos a recibir lo que el otro, desde el corazón, tiene para darnos.

La transacción que es la vida permite la entrega mutua que es, por supuesto, un pasaporte a la intimidad.

Como en todas las mesas, cada pata es indispensable. Pero en la mesa de tres, la necesidad es mucho más rigurosa.

En una mesa de cuatro patas, hasta cierto punto puedo equilibrar lo que apoyé en ella aunque falte una pata. En las mesas de tres, en cambio, basta que una esté ausente o dañada para que la mesa y todo lo que sostenía se venga abajo.

No creo que todos los encuentros deban terminar siendo relaciones íntimas, pero sí sostengo que sólo éstas le dan sentido al camino.

El mecanismo de identificación proyectiva, por el cual me identifico con algo que proyecté, es muchas veces el comienzo de lo que comúnmente llamamos "querer a alguien". De esto se trata el sentimiento afectivo. Sucede así con todas las relaciones, pareja, amigos, primos, hermanos, sobrinos, tíos, cuñadas y amantes, sucede con todos menos con los hijos. Y la excepción se debe a una sola razón: A los hijos no se los vive como *otros*.

Como dije en *El camino de la autodependencia* [6], cuando un hijo nace lo sentimos como una prolongación nuestra, literalmente. Y si bien es un ser íntegro y separado, que está afuera, no dejamos de vivirlo de ese modo.

Hay una patología psiquiátrica que se llama personalidad psicopática. Puede tratarse de criminales, delincuentes, torturadores o cualquier cosa; lo único que les importa a los psicópatas es la propia satisfacción de sus ambiciones personales y, dada su estructura antisocial, no tienen inconvenientes en matar al prójimo si con ello pueden conseguir lo que desean.

Se trata de personas que no aceptan límites. Los psicópatas no pueden decir "si yo fuera él", no pueden ni por un momento pensar en función del otro, sólo pueden pensar en sí mismos. Si no pueden identificarse, tampoco pueden hacer el mecanismo de identificación proyectiva, y como el afecto empieza por la identificación, entonces no pueden querer a nadie.

Sin embargo, cuando por alguna razón un torturador tiene hijos, con ellos puede ser entrañable. Un psicópata puede llegar a hacer por los hijos cosas que no ha hecho nunca por ninguna otra persona; y lo hace aunque a la madre de esos mismos hijos la maltrate, la golpee, la humille o simplemente la ignore. Porque los hijos son vividos como una parte de él mismo, y entonces los trata como tal, con lo mejor y lo peor de su trato consigo mismo.

Esto confirma, para mí, que el mecanismo de identificación proyectiva es para con todos menos para con los hijos, porque para quererlos a ellos este mecanismo no es necesario. Para nosotros, que no somos psicópatas, los hijos son también una parte nuestra con vida afuera o, como diría Atahualpa refiriéndose a la amistad, "como uno mismo en otro pellejo".

Todos tratamos a nuestros hijos de la misma manera, con el mismo amor y, a veces, tristemente, con el mismo desamor que tenemos por nosotros mismos.

Alguien que se trata bien a sí mismo podrá tratar muy bien a sus hijos.

Alguien que se maltrata va a terminar maltratando a sus hijos.

Y posiblemente, alguien que viva abandonándose a sí mismo, sea capaz de abandonar a un hijo.

Porque no hay otra posibilidad más que hacerles a nuestros hijos lo mismo que nos hacemos a nosotros.

Sin embargo, como hijos de nuestros padres, nosotros no sentimos que ellos sean una prolongación nuestra, y de hecho no lo son.

Mis hijos son para mí un pedazo de mi vida y por eso los amo incondicionalmente, pero yo no lo soy para ellos.

La sensación de pertenencia y de incondicionalidad es de los padres para con los hijos, pero de ninguna manera de los hijos para con los padres.

¿Serán capaces los hijos de sentir esto alguna vez?

Sí... por sus hijos. Pero no por mí.

El amor de los padres es un amor desparejo que se completa en la generación siguiente. Se trata de un caso de reciprocidad diferida o más bien, debo decir, desplazada; devolverás en tus hijos lo que yo te di.

No es ningún mérito querer a los hijos, pero para que ellos puedan querernos, van a tener que tomarse todo el trabajo... Van a tener que empezar por ver un pedazo de nosotros en el cual se puedan proyectar... identificarse luego con él... y transformar esa identificación en amor. Y entonces nos querrán (o no) dependiendo de lo que les haya pasado en ese vínculo.

Estoy hablando del amor de la madre y del padre. La vivencia de la prolongación no es una cosa selectiva de la mamá, es una vivencia de la mamá y del papá.

Hay mujeres que, además del privilegio del embarazo, creen tener el oscuro derecho de negar que a los hombres también nos sucede esto con nuestros hijos.

En una de mis charlas, una señora me dijo:

"Yo estudié que el amor de la madre por el hijo se da naturalmente, y que el amor del padre por el hijo se da a través del deseo por la madre".

Y siguió ante la mirada de la sala.

"No lo digo desde mí, sino por estudios que se han hecho..."

Lo que ocurre es que algunos de los primeros terapeutas eran bastante antipaternales. Yo creo que era una manera de confrontar la tradicional verticalidad de la educación escolástica. En verdad, no sé qué habrá pasado con aquellos psicoanalistas y sus hijos, pero lo que me pasó a mí y lo que le pasa a la gente que yo conozco, es que siente el amor por lo hijos desde todos lados y más allá de la historia del amor por su madre. De lo contrario, no se entendería cómo un padre es capaz de dar la vida por un hijo y no siempre por su esposa. Algo debe pasar. A mí no me coincide. Es más, creo que si alguien quiere a su hijo a partir del amor a la esposa, algo muy complicado le está pasando en la cabeza. Más allá de lo que digan los libros.

Si bien es verdad que porcentualmente se ven más hijos abandonados por los padres que por las madres, habría que ver si esto demuestra que los padres son incapaces de querer a los hijos como una prolongación propia, o si es el efecto de una derivación social, donde el lugar que se le da al padre motiva esta actitud.

Si dejáramos a los padres sentir las cosas que las madres dicen sentir en exclusividad, quizás no existirían tantos papás abandonando a sus hijos.

Si la madre cree tener unívocamente derecho y posesión sobre los hijos y la sociedad se la avala, ¿qué lugar le queda al papá? Es responsabilidad del papá la manutención económica y de la mamá la contención y la presencia afectiva.

Así, la estructura social dice que a la madre no se la puede separar del chico, con toda razón, y que sí se puede separar al padre del chico, con no sé cuánta razón.

Y sin embargo eso dicen los expertos. ¿Podemos creerles?

En la película "Juego de seducción", un hombre de aspecto rural cuenta en cámara la siguiente historia:

Cuando yo tenía ocho años, encontré el Río Perdido. Nadie sabía dónde estaba, nadie en mi condado podía decirte cómo llegar, pero todos hablaban de él. Cuando llegué por primera vez al Río Perdido, me di cuenta rápidamente de que estaba allí. Uno se da cuenta cuando llega. ¡Era el lugar más hermoso que jamás vi, había árboles que caían sobre el río y algunos peces enormes navegaban en las aguas transparentes! Así que me saqué la ropa y me tiré al río y nadé entre los peces y sentí el brillo del sol en el agua, y sentí que estaba en el paraíso. Después de pasar toda la tarde ahí, me fui marcando todo el camino hasta llegar a mi casa y allí le dije a mi padre:

—*Papá, encontré el Río Perdido.*

Mi papá me miró y rápidamente se dio cuenta de que no mentía. Entonces me acarició la cabeza y me dijo:

—Yo tenía más o menos tu edad cuando lo vi por primera vez. Nunca pude volver.

Y yo le dije:

—No, no... Pero yo marqué el camino, dejé huellas y corté ramas, así que podremos volver juntos.

Al día siguiente, cuando quise volver, no puede encontrar las marcas que había hecho, y el río se volvió perdido también para mí. Entonces me quedó el recuerdo y la sensación de que tenía que buscarlo una vez más.

Dos años después, una tarde de otoño, fuimos a la dirección de guardaparques del condado porque mi papá necesitaba trabajo. Bajamos a un sótano, y mientras papá esperaba en una fila para ser entrevistado, vi que en una pared había un mapa enorme que reproducía cada lugar del condado: cada montaña, cada río, cada accidente geográfico estaba ahí. Así que me acerqué con mis hermanos, que eran menores, para tratar de encontrar el Río Perdido y mostrárselo a ellos. Buscamos y buscamos, pero sin éxito.

Entonces se acercó un guardaparques grandote, con bigotes, que me dijo:

—¿Qué estás buscando, hijo?

—Buscamos el Río Perdido —dije yo, esperando su ayuda.

Pero el hombre respondió:

—No existe ese lugar.

—¿Cómo que no existe? Yo nadé ahí.

Entonces él me dijo:

—Nadaste en el Río Rojo.

Y yo le dije:

—Nadé en los dos, y sé la diferencia.

Pero él insistió:

—Ese lugar no existe.

En eso regresó mi papá, le tiré del pantalón y le dije:
—*Decile, papá, decile que existe el Río Perdido.*
Y entonces el señor de uniforme dijo:
—*Mirá niño, este país depende de que los mapas sean fieles a la realidad. Cualquier cosa que existiera y no estuviese aquí en el mapa del servicio oficial de guardaparques de los Estados Unidos, sería una amenaza contra la seguridad del país. Así que si en este mapa dice que el Río Perdido no existe, el Río Perdido no existe.*
Yo seguí tirando de la manga de mi papá y le dije:
—*Papá, decile...*
Mi papá necesitaba el trabajo, así que bajó la cabeza y dijo:
—*No hijo, él es el experto, si él dice que no existe...*
Y ese día aprendí algo: Cuidado con los expertos. Si nadaste en un lugar, si mojaste tu cuerpo en un río, si te bañaste de sol en una orilla, no dejes que los expertos te convenzan de que no existe. Confiá más en tus sensaciones que en los expertos, porque los expertos son gente que pocas veces se moja.

¿Cuántos hijos habrán tenido esos expertos que excluyen del vínculo emocional a los padres?

¿En qué ríos no habrán nadado?

La verdad, ¿qué importa lo que digan los psicólogos? Qué importa lo que diga yo, lo que digan los libros, ¡qué importa lo que diga nadie! Lo que importa en el amor es lo que cada uno siente.

Porque cada uno sabe perfectamente cuánto quiere a sus hijos, porque en todo caso este es tu Río Perdido, el que no está en ningún mapa.

El primer embarazo de mi esposa no lo diagnosticó el obstetra, lo diagnosticó mi clínico. Sucedió que en dos semanas yo engordé cinco kilos, me sentía mareado, tenía náuseas, y fui a ver a mi médico. Él me revisó y me dijo:
—¿No estará embarazada Perli?

Yo le dije que no porque realmente no sabíamos nada. Así que volví a casa y le dije a mi esposa:

—¿Estás embarazada vos?

—No, tengo un atraso de una semana, pero no creo...

Y ocho meses después nacía Demián.

Todos los hombres han sentido envidia de no ser capaces de llevar en la panza a sus hijos, y esta envidia tiene muchos matices y redunda en muchas actitudes. Pero sobre todo, en una sociedad que carga al varón con mucho peso respecto de la responsabilidad, una sociedad que frente a un embarazo lo que les dice a las mujeres es: "Qué suerte, te felicito", y a los hombres les dice: "Se acabó la joda, macho, ahora sí que vas a tener que yugar"... yo me pregunto: ¿Cómo el hombre no va a tener ganas de irse al cuerno? ¿No seremos nosotros los que estamos condicionando estas respuestas dándole tanto lugar de privilegio al amor de la madre y desplazando el lugar amoroso del padre?

Desde el punto de vista de mi especialidad[7], siempre sé que hay un trastorno severo previo en alguien que no quiere a su propio hijo. Pero también sé que no necesariamente hay un trastorno estructural severo en alguien que no quiere a su papá o a su mamá. Sufrirá y padecerá la historia de no quererlos, pero no forzosamente tiene un trastorno de personalidad.

Uno podría pensar que, por la continuidad genética, este fenómeno de la vivencia de prolongación sucede sólo con los hijos biológicos. Pero no es así. A los hijos adoptivos se los quiere exactamente igual, con la misma intensidad y la misma incondicionalidad que a los hijos naturales, y esto es fantástico. Adoptar no quiere decir criar ni anotar oficialmente a alguien en nuestra libreta matrimonial, significa darle a ese nuevo hijo el lugar de ser una prolongación nuestra.

Cuando yo adopto verdaderamente desde el corazón, mi hijo es vivido por mí como si fuera un pedazo mío, exactamente igual, con la misma amorosa actitud y con la misma terrible fusión que siento con un hijo biológico.

Y así como ambos llegaron a nuestras vidas por una decisión que tomamos, así, nuestros hijos, biológicos o adoptados, son vividos como una materialización de nuestro deseo y también como la respuesta a alguna insatisfacción o necesidad de reparación. Por eso los condicionamos con nuestras historias, las buenas y las malas. Los educamos desde nuestras estructuras más sanas y también desde nuestro lado más neurótico, lo cual, como digo siempre un poco en broma y un poco en serio, quizás no sea tan malo para ellos. Pobres de mis hijos si les hubiese tocado tener dos padres normales, carentes de un nivel razonable de neurosis. ¡Imagínense!, aterrizar sin entrenamiento en un mundo como el que vivimos, lleno de neuróticos... sería un martirio.

Con Perla y conmigo, mis afortunados hijos simplemente salieron a la calle y dijeron:

"¡Ah! ¡Es como en mi casa! ¡Está todo bien!"...

Aprendieron a manejarse con padres neuróticos para poder manejarse en la vida. Lo digo en tono irónico, pero es cierto.

A nuestros hijos les sirve nuestra neurosis porque, les guste o no, van a vivir inmersos en una sociedad neurótica. Decía Erich Fromm: "Si a mi consultorio llegara un hombre sano, mi función sería neurotizarlo suficientemente para que pudiera vivir adaptado".

DIVORCIO DE LOS PADRES

Antes de ser adultos, los hijos son casi exclusivamente nuestra responsabilidad, y ésta implica un cierto compromiso de sostener la institución familiar para ellos.

Cuando mis colegas, más viejos que yo, transitaban los comienzos de la psicología, la línea era más simplista en cuanto a la separación. Se decía:

"Siempre es mejor para los hijos ver a los padres felices y separados que verlos juntos y peleándose".

Se hablaba con un exceso de soltura, una cierta liviandad que rozaba la desfachatez y que hoy nos asombra. Los terapeutas hemos cambiado mucho.

En nuestros días, ya no estamos tan seguros de que sea siempre así.

La mayoría de las personas que trabajamos con parejas pensamos que la estructura familiar y la relación amorosa entre padre y madre frente a los hijos (sobre todo cuanto más chicos sean) es importante para el establecimiento de su identidad y, por ende, de su salud futura.

Nadie sabe con certeza los efectos que puede causar en la psiquis de un chico menor de dos años la separación de sus padres. Es muy probable que si no hay "tironeo" del niño, las consecuencias sean leves. Sin embargo, aun cuando la posibilidad de dañar sea pequeña, creo que hay que ser cauteloso con esta responsabilidad empezando desde el momento de tomar la decisión de tener hijos.

Una pareja viene a verme y me dice:
—Nos vamos a casar, queremos tener hijos...
Entonces yo les digo:

—¿*Saben ustedes que si quedan embarazados a partir de aquí, nueve meses, más dos años, no pueden separarse pase lo que pase entre ustedes?*
—¿*Cómo que no nos podemos separar? ¿Quién lo dice?*
—*Yo.*

Igual no me escuchan, pero es lo que yo creo y por lo tanto les aviso.

Insisto: la amenaza que representa para un chico una situación como esta no se puede medir.

Dense cuenta.

Tener un hijo es algo maravilloso, pero no es poca cosa e implica una responsabilidad superior, que dura, en forma gradual, enormemente hasta que tiene dos años, prioritariamente hasta que tiene cinco, especialmente hasta que tiene diez, mucho hasta que tiene quince, y bastante hasta que tiene veinticinco.

¿Y después?

Después harás de tu vida lo que quieras. Porque la verdad es que no vas a cambiar gran cosa lo que tu hijo sea, piense o diga con lo que hagas.

¿Es mejor que sigan peleándose y tirándose platos?

Depende del caso, digo yo.

Hay casos y casos. Si papá corre a mamá con un cuchillo por la casa, es mejor que se separen, no hay duda. Si no es así, habrá que pensar en cada situación. Por supuesto, no alcanza con el famoso "no nos queremos más"...

Recuerdo que hace unos años, durante un entrenamiento como terapeuta de familia, presencié detrás de un cristal una sesión de terapia de parejas manejada por un colega genial.

Él y ella, de unos veinticinco años cada uno, exponían sus puntos más o menos similares: "No va más. Nos queremos separar... Se terminó." El terapeuta preguntó por la edad de los hijos y la mujer contestó: "El mayor tiene tres años y la bebita seis meses". Entonces el terapeuta sugirió que la separación podría dañar a los niños, y el marido dijo: "Es que no somos felices...".

"Si no son felices —dijo el colega— por su bienestar deben separarse, pero me pregunto ¿quién se va a ocupar de la infelicidad de los chicos? ¿No son felices? Bánquense la historia, esperen un poquito, busquen la manera de convivir, sean cordiales... Lo lamento, pero hay un tema de responsabilidad para asumir. Si no querían asumirla debieron pensarlo antes. Hoy es tarde. Quizás volverá a ser el momento, pero dudo que lo sea ahora. Yo entiendo... Hay fatalidades. No pudieron evitarlo, no quisieron evitarlo, son dos tarambanas, irresponsables, no lo pensaron, se les escapó, se les pinchó, hicieron mal los cálculos... Qué pena... pero ahora, ahora háganse cargo. Nada de lo que dicen es una excusa para permitirse dañar a los que no se pueden defender... Lo siento".

Y yo estoy de acuerdo. Antes de separarse hay que evaluar muy bien. Sobre todo cuando los hijos son menores de dos años. Abandonar la estupidez que sostienen los que nada saben: "Cuanto antes, mejor" (?). No creo.

No hay que menospreciar el daño que se puede causar a un bebé que es una esponja y que, si bien entiende todo, no puede preguntar nada.

Una pareja que tiene hijos de cualquier edad no debería separarse hasta no haber agotado <u>todos</u> los recursos... Todos.

Por supuesto, hay veces que no hay nada más para hacer. Los recursos se agotaron y la pareja se separa. Y así como soy de lapidario antes de la separación, después de consumada creo que es bueno saber que la vida no termina en fracaso porque se caiga un proyecto.

Si los padres no quisieron, no pudieron o no supieron seguir juntos para los hijos, es bueno pensar que papá y mamá pueden ser queridos por otra persona; que pueden llegar a armar una nueva pareja. Y los hijos valoran esto, aunque en un primer momento se opongan.

Porque si mamá, por ejemplo, se queda sola para siempre, los hijos van a terminar acusando a papá por aquella soledad.

LOS CHICOS CRECEN

Cuando una pareja se constituye y decide parir hijos, aunque no piense en lo que va a pasar, está asumiendo una responsabilidad fantástica, pero también dramática a futuro. Y uso esta palabra porque siempre es dramático darme cuenta de que aquel a quien amo tanto como a mí mismo, o más, me va a abandonar, me va a criticar, me va a despreciar, va a decidir en algún momento vivir su vida sin mí.

Y esto es lo que nuestros hijos van a hacer, lo que deben hacer, lo que debemos enseñarles que hagan. Con un poco de suerte los veremos abandonar el nido aunque carguen con las carencias de nuestras miserias y aunque a veces tengan que padecer los condicionamientos de nuestros aciertos.

Recomiendo una pequeña tarea.

Tomen una página y divídanla en dos columnas: una encabezada por "Recibí" y la otra por "Me faltó". En la primera columna, anoten todo lo que ustedes hayan recibido en sus casas de origen, y en la segunda, todo lo que crean que les ha faltado.

Si yo tuviera que escribir esto para mí, diría que recibí mucho amor, cuidado, protección, estímulo, normas y conciencia de la importancia del trabajo; y diría que me faltó presencia, reconocimiento, caricias y juego.

Esta es mi historia, como yo me la cuento, la de ustedes será diferente.

Las cosas que he recibido y las cosas que me han faltado condicionaron mi manera de ser en el mundo. Indudablemente, este que soy está claramente determinado por aquellas cosas que recibí y aquellas cosas que me faltaron.

La lista de ustedes ocasiona que sean de una determinada manera. Y serían de otra forma si hubieran recibido y les hubieran faltado otras cosas.

Ahora bien, saquémosle el jugo al ejercicio.

Cuando yo salga de la casa de mis padres para ir al mundo a buscar mi propia vida, voy a tener tendencia (no condicionamiento absoluto) a elegir a alguien, o a algunos, que en principio me puedan dar lo que me faltó. ¿Cómo podría no ir a buscar a aquellos que me den las cosas que me faltaron?

Y entonces, seguramente, yo, Jorge Bucay, fui al mundo a buscar a alguien que estuviera siempre presente, que me valorara y me reconociera, que me diera las caricias que a veces me faltaron y que fuera capaz de jugar y de divertirse conmigo (lo que recuerdo que me faltó).

Cuando crecemos, en lugar de transformar esa falta en una acusación hacia los padres, salimos a buscar lo que sentimos que nos faltó.

Sin duda, nuestra manera de evaluar lo que nos faltó está condicionada por lo que somos, pero no se trata ya de mis padres, sino de mí.

Este juego está aquí para mostrar cómo mi historia puede condicionar mi libertad para elegir, pero también para establecer que esa libertad no puede evitarse.

Y si es cierto que salgo a buscar lo que me faltó, también es verdad que lo que más tengo para ofrecer es lo que recibí. Y entonces, aunque suene incoherente, a cambio de todas mis demandas, yo voy a tener tendencia a ofrecer: mi amor, mi cuidado, mi protección, mi estímulo, mis normas y mi conciencia de la importancia de trabajar.

Y esta es mi manera de ser en el mundo.

Salimos al mundo a buscar lo que nos faltó ofreciendo a cambio lo que recibimos.

Yo mismo estoy bastante satisfecho de dar mi amor, mi cuidado, mi protección y mis normas, cuando el otro viene y me dice: acá estoy, yo te reconozco, vení que te acaricio, vamos a jugar... Esto no tiene nada de malo.

Lo que no sería muy sano es que yo conteste enojado:

"Ah, no. ¡No es el momento! Porque ahora... ¡hay que trabajar!..."

A veces, la disparidad entre las cosas que pedimos y las que ofrecemos a cambio puede ser muy grande. Por supuesto, uno puede elegir para dar a cambio otras cosas que las que recibió en casa de sus padres. Porque aunque la tendencia natural es a dar estas cosas, uno ha crecido, se ha nutrido, ha aprendido.

Ojalá descubra que si bien hay un condicionamiento en lo que recibí, puedo conocerme y librarme de él para dar lo que elijo dar; y si no puedo hacerlo solo, puedo pedir ayuda.

Cuidado, ayuda no es sinónimo de terapia; es más, lamentablemente hay cosas que la terapia no enseña, cosas que hay que aprenderlas viviendo la vida. Con respecto a esas cosas, un terapeuta sirve cuando las otras instancias para recibir lo que necesito han fracasado. Sólo ahí.

Y pese a lo que ustedes crean, la mayor parte de mis colegas está de acuerdo con esto y asume con vocación y responsabilidad el rol reparador o de sustituto que el paciente necesita. Creo que cuando uno no ha recibido en la casa de los padres estas cosas que le han faltado, las va a buscar afuera. Y si uno busca, en realidad siempre encuentra. Y la verdad es que la única posibilidad de que alguien reciba algo de su terapia es que se vincule humanamente con el terapeuta. No pasa por una técnica, sino por el vínculo sano entre ellos.

Una vez, en un grupo terapéutico, una mujer que estaba muy afectada y muy dolida, en una situación personal muy complicada, hizo el ejercicio delante del grupo. Pensó mucho tiempo y dijo: ¿Qué recibí? Y anotó: "Nada". Y agregó: "Por lo tanto, me faltó: Todo".

Cuando hice la devolución, tuvo que darse cuenta que ella vivía en el mundo exigiendo "todo", a cambio de lo cual no daba "nada".

Y por supuesto que no encontraba lo que necesitaba.

Y por supuesto que lloraba todo el tiempo sus creencias y su soledad.

Y por supuesto que se quejaba de la injusticia de que nadie le quisiera dar lo que ella necesitaba.

Porque estaba puesta en este lugar: buscaba a alguien que le diera "todo" a cambio de "nada".

La vida es una transacción: dar y recibir son dos caras de la misma moneda. Si la moneda tiene una sola cara, es falsa, cualquiera sea la cara que falte. Es de todas formas dramático que alguien no quiera recibir "nada" a cambio de darlo "todo".

Había una vez, en las afueras de un pueblo, un árbol enorme y hermoso que generosamente vivía regalando a todos los que se acercaban el frescor de su sombra, el aroma de sus flores y el increíble canto de los pájaros que anidaban entre sus ramas.

El árbol era querido por todos en el pueblo, pero especialmente por los niños, que se trepaban por el tronco y se balanceaban entre las ramas con su complicidad complaciente.

Si bien el árbol tenía predilección por la compañía de los más pequeños, había un niño entre ellos que era su preferido. Éste aparecía siempre al atardecer, cuando los otros se iban.

—Hola amiguito —decía el árbol, y con gran esfuerzo bajaba sus ramas al suelo para ayudar al niño en la trepada, permitiéndole además cortar algunos de sus brotes verdes para hacerse una corona de hojas aunque el desgarro le doliera un poco. El chico se balanceaba con ganas y le contaba al árbol las cosas que le pasaban en la casa.

Con el correr del tiempo, cuando el niño se volvió un adolescente, de un día para otro dejó de visitar al árbol.

Años después, una tarde, el árbol lo ve caminando a lo lejos y lo llama con entusiasmo:

—Amigo... amigo... Vení, acercate... Cuánto hace que no venís... Trepate y charlemos.

—No tengo tiempo para esas estupideces —dice el muchacho.

—Pero... disfrutábamos tanto juntos cuando eras chico...

—Antes no sabía que se necesitaba plata para vivir, ahora busco plata. ¿Tenés plata para darme?

El árbol se entristeció un poco, pero se repuso enseguida.

—No tengo plata, pero tengo mis ramas llenas de frutos. Podés subir y llevarte algunos, venderlos y obtener la plata que querés...

—Buena idea —dijo el muchacho, y subió por la rama que el árbol le tendió para que se trepara como cuando era chico.

Luego arrancó todos los frutos del árbol, incluidos los que todavía no estaban maduros. Llenó con ellos unas bolsas de arpillera y se fue al mercado. El árbol se sorprendió de que su amigo no le dijera ni gracias, pero dedujo que tendría urgencia por llegar antes que cerraran los compradores.

Pasaron casi diez años hasta que el árbol vio otra vez a su amigo. Era un adulto ahora.

—Qué grande estás —le dijo emocionado—; vení, subite como cuando eras chico, contame de vos.

—No entendés nada, como para trepar estoy yo... Lo que necesito es una casa. ¿Podrías acaso darme una?

El árbol pensó unos minutos.

—No, pero mis ramas son fuertes y elásticas. Podrías hacer una casa muy resistente con ellas.

El joven salió corriendo con la cara iluminada. Una hora más tarde llegó con una sierra y empezó a cortar ramas, tanto secas como verdes. El árbol sintió el dolor, pero no se quejó. No quería que su amigo se sintiera culpable. Una por una, todas las ramas cayeron dejando el tronco pelado. El árbol guardó silencio hasta que terminó la poda y después vio al joven alejarse esperando inútilmente una mirada o gesto de gratitud que nunca sucedió.

Con el tronco desnudo, el árbol se fue secando. Era demasiado viejo para hacer crecer nuevamente ramas y hojas que lo alimentaran. Quizás por eso, cuando diez años después lo vio venir, solamente dijo:

—Hola. ¿Qué necesitás esta vez?

—Quiero viajar. Pero ¿qué podés hacer vos? No tenés ramas ni frutos para vender.

—Qué importa, hijo —dijo el árbol—, podés cortar mi tronco, total yo no lo uso. Con él podrías hacer una canoa para recorrer el mundo.

—Buena idea —dijo el hombre.

Horas después volvió con un hacha y taló el árbol. Hizo su canoa y se fue. Del árbol quedó sólo el pequeño tocón a ras del suelo.

Dicen que el árbol aún espera el regreso de su amigo para que le cuente de su viaje.

Nunca se dio cuenta de que ya no volverá. El niño ha creci-
do y esos hombres no vuelven donde no hay nada para tomar.
El árbol espera, vacío, aunque sabe que no tiene nada más pa-
ra dar.

Repito. Nuestros condicionamientos han hecho de nosotros
estos que somos, pero seguimos pudiendo elegir.

Cuando yo asuma que no es posible encontrar a alguien que
pueda darme presencia, reconocimiento, caricias y juego sopor-
tando mis normas, mis exigencias y mi exceso de trabajo... quizás empiece a corregir lo que doy. Quizás aprenda a dar otras
cosas. Quizás aprenda algo nuevo.

Puede suceder que en este ejercicio te encuentres sintiendo que
aquello que te faltó, en realidad es lo que más das. A veces pasa...

Es que en el camino aprendo a dar lo que necesito.

Es una exploración muy interesante, una jugada maestra para
tratar de obtener lo que quiero.

Por ejemplo, voy por el mundo mostrando que acepto a
todos, no porque quiera aceptarlos, sino porque en realidad
es lo que busco, alguien que me acepte incondicionalmente.
Un pequeño intento para ver si me vuelve lo mismo que yo
estoy necesitando.

Vuelvo a los hijos. Decía yo que hasta su adultez los hijos son
nuestra responsabilidad. Y si uno no está dispuesto a asumir
una responsabilidad como esta, es deseable que no tenga hijos.

No es obligatorio.

En muchos países de Europa hay una tendencia a no tener
hijos. Cada vez hay más parejas en el mundo que deciden no
tenerlos. En la Argentina también se da este fenómeno. El
argumento esgrimido es:

—*En un mundo de sufrimiento y de crisis, donde los valores se han perdido... ¿por qué vamos a traer a otros a sufrir?*

Algunas parejas me han dicho esto en España, adonde viajo a menudo, y en mi discusión con ellos les dije que su actitud me parecía razonable, que lo podía entender intelectualmente, pero sugerí:

—*Adopten uno, porque ya está, ya fue parido, y va a sufrir mucho más si ustedes no lo crían...*

—*No... Bueno... Nosotros tenemos mucho para disfrutar... y en realidad...*

Entonces, el argumento es otro. Siempre lo fue.

—*Nosotros no queremos tener hijos porque queremos pasarla bien y disfrutar. Mi pareja y yo estamos para nosotros, no queremos usar ni un poco de nuestro tiempo para nadie...*

Será una postura rara de comprender para los que somos padres, pero se entiende. El argumento anterior no. Quizás por el hecho de ser médico, que me inclina a pensar que, de todas maneras, siempre la vida es mejor que la no vida. O acaso porque no estoy tan seguro de que el mundo vaya en camino de ese lugar tan agorero y nefasto.

Mi pronóstico no es el de un mundo siniestro y terrible, sino el de un mundo incierto.

Gran parte de estas cosas que nos pasan tienen origen en la velocidad de la comunicación.

Entre el año 400 —cuando se empieza a llevar registro concreto del conocimiento— y el año 1500, el conocimiento de la humanidad se multiplicó por dos. Desde el año 1500 hasta que se volvió a duplicar, pasaron doscientos cincuenta años. Es decir, llevó mil cien años que el conocimiento se duplicara por primera vez, y llevó doscientos cincuenta para que volviera a multiplicarse por dos.

La siguiente vez que se midió el conocimiento global fue en 1900, y ya era 2,5 (más que el doble), pero llevó menos tiempo: ciento cincuenta años. De allí en adelante, la velocidad de multiplicación del conocimiento se fue achicando. Hoy, en el año 2001, se supone que el conocimiento global de la humanidad, en algunas ciencias más, se multiplica por dos cada veinte años. Se calcula que para el año 2020 el conocimiento global de la humanidad se va a multiplicar cada seis meses. Cada seis meses la humanidad va a saber el doble de lo que sabía 180 días antes en casi todas las áreas.

Entonces, yo me pregunto...

¿Qué les voy a explicar a mis hijos? ¿Qué?

Todo lo que yo les enseñe, cuando ellos sean grandes, no les va a servir demasiado.

Salvo que les enseñe... cómo buscar sus propias respuestas.

Esta es la línea pedagógica actual, que los padres estamos aprendiendo de los maestros:

—*Papi... ¿cómo está compuesta el agua?*

—*Mirá, este es el atlas, esta es la enciclopedia, vamos a buscarlo...*

¡Aunque yo lo sepa! ¿Para qué? ¿Para hacerle creer que no lo sé? No. Para enseñarle la manera de encontrar sus propios datos.

Claro, para esto hay que renunciar a la vanidad del padre de decir:

¡Yo te digo, pibe... H_2O, Carlitos, H_2O!

El problema está en asumir que las referencias mías me sirven a mí, no les sirven a todos. Yo puedo enseñarles a mis hijos mis referencias, pero aclarándoles que son mías. Lo que no puedo hacer es enseñarles a mis hijos mis referencias pretendiendo que sean las de ellos y que las tomen como propias.

La actitud inteligente es transmitir a nuestros hijos lo que aprendimos sabiendo que podría no servirles. Tenemos que tener esta humildad. Saber que ellos van a poder tomar de nosotros lo que les sirve y descartar el resto.

La conducta efectiva se apoya no sólo en el aprendizaje académico, sino también en el desarrollo de la inteligencia emocional y en la experiencia de vida.

Y esta es la incertidumbre. Una incertidumbre que no es académica, que es un hecho concreto vinculado con nuestra probada incapacidad para prever el mundo en el cual vamos a vivir.

Cuando yo estaba en el colegio secundario, mi papá me decía:

"Si vos estudiás una carrera, si vos sos trabajador, si sos honesto, si no sos vago, si no estafás a la gente, si sos consecuente, yo no te puedo asegurar que vas a ser rico, pero vas a poder darle de comer a tu familia, vas a tener una casa, vas a tener un auto, vas a poder irte de vacaciones y vas a poder educar a tus hijos y casarlos para que ellos estén bien".

Cuando mi papá me lo decía, eso era verdad. No era conocimiento académico, era conocimiento de vida; él lo había aprendido así y era cierto. Si hoy le dijera eso a mi hijo, le estaría mintiendo. Porque yo no puedo asegurarle que si estudia una carrera y es un trabajador honesto, va a poder comer todos los días. Y él lo sabe.

El mundo es incierto para nuestros hijos. No es nuestra culpa, pero es así.

El mundo de hoy es otro, y esto tiene que ver con el conocimiento. El mundo no cambia sólo en lo académico, cambia también en estas cosas.

Y entonces, yo voy a tener que aprender que no puedo seguir diciéndole estas estupideces a mi hijo, porque son mentira. Yo lo sé y él también lo sabe.

Tengo que enseñarle mis referencias, que incluyen mis valores y mis habilidades emocionales, pero tengo que tener la suficiente humildad para saber que son reglas que él puede cuestionar.

Mi papá me decía: *"¡Si yo te digo que es así... es así!"*
Si yo le digo a mi hijo esto hoy... ¡se atraganta de la risa! Y tiene razón. ¿Por qué va a ser así porque yo digo que es así?
La certeza de mi papá era honesta. Mi incertidumbre también.

Pero atención, no digo que no haya que decirles nada y pensar: "total... que se arreglen". No.

Tenemos que empezar a tomar conciencia de esta situación para centrarnos más en transmitir lo mismo que transmitimos con más énfasis todavía en los valores y en las cosas que creemos, pero sabiendo que ellos van a tener que adaptarlas a su propio mundo, traducirlas a sus propios códigos. No van a poder tomarlas tal cual se las decimos.

Cada vez que hablo de este tema en una charla, alguien salta y dice: *"No, porque mi generación fue la más jodida..."*
Todas las generaciones creen que son la bisagra, la que más sufrió... No hay una sola generación que no me haya dicho esto.
Claro, ¡cómo no van a saltar! Saltan porque yo les estoy diciendo: Todos sus esfuerzos son inútiles. ¿Por qué no se dejan de molestar a los pobres chicos?
Voy a darnos un masaje para nosotros mismos:
Nuestra generación de padres no es la peor, la peor es la de mis viejos. ¿Por qué? Porque la generación que hoy tiene entre 70 y 80 años es la que sufrió el odioso cambio de jerarquías.

Cuando mi viejo era chico y se cocinaba pollo, que era todo un acontecimiento, mi abuela lo servía y mi abuelo, que le gustaba la pata, agarraba las dos patas de pollo, se las servía para él y dejaba el resto para que los hijos agarraran. Y a nadie se le ocurría cuestionar el derecho de mi abuelo. Era un derecho del padre de familia servirse primero.

Cuando mi viejo tuvo a sus hijos, ¡le habían cambiado las reglas! Entonces mi mamá servía el pollo... una pata a mi hermano... otra pata para mí... y dejaba el resto para que mi viejo se sirviera... ¡Pobre! ¡Nunca en su vida pudo elegir! ¡Le cambiaron las reglas! ¡Es casi una maldad!

Lo que le pasó a la generación de mi viejo no tiene nada que ver con lo que nos pasó a nosotros.

Nuestra generación ha sido privilegiada. Y la de nuestros hijos también.

Nosotros pasamos por tener el lugar de elegir. ¡Nuestros viejos nunca!

Mi abuelo, que no era el privilegiado cuando era chico, sí lo fue de grande. Es decir, en algún momento ligó. Y nosotros también. ¡Los viejos que nacieron en el primer cuarto de siglo, no! Esos no ligaron nunca.

LA FAMILIA COMO TRAMPOLÍN

La casa donde vivió el niño que fui y las personas con las que compartí mi vida familiar fueron el trampolín hacia mi vida adulta.

La familia siempre es un trampolín y en algún momento tenemos que plantarnos allí y saltar al mundo de todos los días.

Si al saltar del trampolín me quedo colgado, dependo, y finalmente nunca hago mi viaje.

Qué bueno sería animarse a saltar del trampolín de una manera espectacular.

Esto es posible si el trampolín es saludable. Si la relación familiar es sana. Si la pareja es soportativa.

Este trampolín tiene cuatro pilares fundamentales. Tan fundamentales que si no son sólidos, ningún chico puede caminar por él sin caerse.

El primer pilar es el amor

Un hijo que no se ha sentido amado por sus padres tiene una historia grave: le será muy difícil llegar a amarse a sí mismo. El amor por uno mismo se aprende del amor que uno recibe de los padres. No quiere decir que no se pueda aprender en otro lado, sólo que este es el mejor lugar donde se aprende. Por supuesto que además un niño que no ha sido amado no puede amar, y si esto sucediera para qué saldría a encontrarse con los otros.

El trampolín que no tiene este pilar es peligroso. Es difícil caminar por él. Es un trampolín inestable.

El segundo pilar es la valoración

Si la familia no ha tenido un buen caudal de autovaloración, si los padres se juzgaban a sí mismos como poca cosa, entonces el hijo también se siente poca cosa.

Si uno viene de una casa donde no se lo valora, a uno le cuesta mucho valorarse. Las casas con un buen nivel de autoestima tienen trampolines adecuados. Dice Virginia Satir: "En las buenas familias la olla de autoestima de la casa está llena". Quiere decir: los papás creen que son personas valiosas, creen que los hijos son valiosos, papá cree que mamá es valiosa, mamá cree que papá es valioso, papá y mamá creen que su familia es valiosa y ambos están orgullosos del grupo que armaron.

Cuando un hijo llega a la casa y dice: "¡Qué linda es esta familia!", ahí sabemos que el trampolín está entero.

Cuando el chico llega a la casa y dice: "¿Me puedo ir a vivir a lo de la tía Margarita?"... estamos en problemas.

Cuando un padre le dice a un hijo: "¡Por qué no te vas a vivir a lo de la tía Margarita!", también algo complicado está pasando.

El tercer pilar es el de las normas

Las normas deben existir con la sola condición de no ser rígidas, sino flexibles, elásticas, cuestionables, discutibles y negociables. Pero tienen que estar.

Así como creo que las reglas en una familia están para ser violadas y que será nuestro compromiso crear nuevas, creo también que este proceso debe apoyarse en un tiempo donde se haya aprendido a madurar en un entorno seguro y protegido. Este es el entorno de la familia. Las normas son el marco de seguridad y previsibilidad necesario para mi desarrollo. Una casa sin normas genera un trampolín donde el hijo no puede plantarse para saltar...

El último pilar es la comunicación

Para que el salto sea posible, es necesaria una comunicación honesta y permanente.

Ningún tema ha sido más tratado por los libros de psicología como el de la comunicación. Léanlos en pareja, discútanlos con sus hijos, chárlenlos entre todos con el televisor apagado... Esta es una manera de fortalecer la comunicación, pero no es la más importante. La fundamental es aquella que empieza con las preguntas dichas desde el corazón: ¿Cómo estás? ¿Cómo pasaste el día? ¿Querés que charlemos?...

Y sobre este pilar, exclusivamente sobre este pilar, se apoya la posibilidad de reparar los demás pilares.

Amor, valoración, normas y comunicación: sobre este trampolín el hijo salta a su vida para recorrer, primero, el camino de la autodependencia, y luego, el camino del encuentro con los otros.

Piensen en sus casas... ¿Qué pilares estaban firmes? ¿Cuáles un poco flojos? ¿Cuáles faltaron?

Y una vez saltado el trampolín, como hijo debo saber que mi vida depende ahora de mí, que soy responsable de lo que hago, que libero a mis padres de todo compromiso que no sea el afectivo, de toda obligación que ellos crean tener conmigo. Que me libero a mí de toda obligación y de toda deuda que crea tener con ellos. Conservarán su amor por mí, pero no sus obligaciones. Afirmo esto con absoluta conciencia de lo que digo. Todo lo que un papá o una mamá quieran dar a sus hijos después que éstos sean adultos, será parte de su decisión de dárselo, pero nunca de su obligación. Por supuesto, antes del fin de la adolescencia estamos obligados para con nuestros hijos, allí no es un tema de decisión.

Si le preguntan a mi mamá cómo está compuesta su familia, seguramente dirá: "Mi familia está compuesta por mi marido, mis dos hijos, mis dos nueras y mis tres nietos". Si me preguntan a mí cómo está compuesta mi familia, yo digo: "Mi esposa y mis dos hijos", no digo: "Mi esposa, mis dos hijos, mi mamá y mi papá".

Esto no quiere decir que mi mamá no sea de mi familia, o que yo no la quiera.

Mi mamá sigue queriendo que la familia seamos todos, y tiene razón.

Pero es diferente para ella que para mí.

Como padre debo saber que el trampolín debe estar listo para la partida de mis hijos, porque el encuentro con ellos es el encuentro hasta el trampolín. Luego habrá que construir nuevos encuentros, sin obligaciones ni obediencias, encuentros apoyados solamente en la libertad y en el amor.

Cuando un hijo se vuelve grande, los padres tenemos que asumir el último parto.

Hacemos varios partos con los hijos. Uno cuando el chico nace, otro cuando va al colegio primario y deja la casa, otro cuando se va por primera vez de campamento y duerme fuera de la casa, otro cuando tiene su primer novio o novia, otro cuando se recibe en el colegio secundario, y el último cuando termina su adolescencia o decide dejar definitivamente la casa paterna.

En el último parto, finalmente le damos a nuestro hijo la patente de adulto. Asumimos que es autodependiente, que no tiene que pedirnos permiso para hacer lo que se le dé la gana.

En algún momento, le damos el último empujoncito, que yo llamo el último pujo, le deseamos lo mejor y, a partir de allí, le delegamos el mando.

Quedás a cargo de vos mismo, quedás a cargo de como te vaya, quedás a cargo de darle de comer a tu familia, quedás a cargo de pagar el colegio de tus hijos, quedás a cargo de todo lo que quieras para vos y para los tuyos, y en lo que no puedas hacerte cargo, renunciá.

Hace unos años atendí a una pareja que tenía un hijo al que quería ayudar. Eran "tan buenos"...

El hijo era un médico recién egresado que ganaba 1.200 pesos en el puesto del hospital y la nuera ganaba 700 trabajando como maestra jardinera en la escuela del barrio. Entre los dos casi llegaban a 2.000 pesos, que no es poco. Pero los cuatro padres, que los querían tanto, se pusieron de acuerdo y les regalaron "a los chicos" un departamento en Libertador y Tagle cuyas expensas eran de 1.650 pesos por mes.

¿Cuál es la ayuda que les estamos dando a esos chicos?

Cuando estos dos pagan las expensas, la luz, el gas y el teléfono, ya no les queda un peso para vivir. Esta es la ayuda de algunos papás buenos, una cosa sin sentido, o peor, con un sentido nefasto: esclavizar a los hijos a depender de los padres.

Hay que aprender a terminar con la función de padre y con la función de hijo. Esto significa olvidarse de la función y centrarse en el sentido del amor. Todas las obligaciones mutuas que nos teníamos (las mías: sostenerte, bancarte, ayudarte, etc., y las tuyas: hacerme caso, pedirme permiso, hacer lo que yo diga) se terminaron.

Hay que dejar que los hijos se equivoquen, que pasen algunas necesidades y soporten algunas renuncias, dejarlos que se frustren y se duelan, que aprendan a achicarse cuando corresponde. Que dejen de pedirles a los padres que se achiquen para no achicarse ellos.

Me gustaría tener la certeza de que Demián y Claudia podrán arreglárselas con sus vidas cuando yo ya no esté. Eso me dejaría muy tranquilo. Voy a hacer todo lo necesario para poder ver antes de partir lo bien que se arreglan sin mí.

Lo que nuestros hijos necesitan es que hagamos lo posible para que no nos necesiten. Esta es nuestra función de padres.

MIS HIJOS SON HERMANOS

Cuando pensaba en este apartado del libro, me di cuenta de qué poco énfasis se ha puesto en la bibliografía sobre familia acerca de la relación entre hermanos.

Un hecho misterioso si pensamos que el aprendizaje de este

vínculo es verdaderamente la primera experiencia con pares, donde las creencias y los condicionamientos puestos por nuestra educación serán indudablemente de peso en todas las restantes relaciones grupales o individuales que encontremos en nuestra vida.

Además de este mencionado hecho de los pares, el tema de los hermanos es muy importante por una razón: un hermano es en muchos sentidos el único testigo de la historia de mi infancia. Mis amigos y mis compañeros de escuela no estaban allí cuando aquellos hechos que quizás hirieron al niño que fui sucedieron.

Y más allá de que el recuerdo está teñido de nuestra selección y ciertamente los hermanos no recuerdan los mismos hechos ni el mismo significado de los mismos hechos, el compartir esta historia vivida es un handicap adicional a favor de la salud.

Las estadísticas son claras y significativas. Al hacer una evaluación de la patología neurótica, en todas las culturas los estudios coinciden en mostrar el mismo resultado: Los índices patológicos más altos se dan entre los hijos únicos. Y se confirma con el siguiente grupo de incidencia. Los segundos en el ranking son los hijos mayores, esto es, los que alguna vez fueron únicos.

Obviamente, el compartir un espacio con otro me entrena para próximos encuentros más sofisticados. Las envidias, los celos, las manipulaciones y hasta las peleas entre hermanos funcionan como un trabajo de campo del futuro social.

Por supuesto que cuanto mejor resuelta esté la relación de los hermanos, la ventaja de lo fraternal quedará más en evidencia.

Muchas veces, la relación está impregnada de aquello que los padres hayan sembrado a conciencia o sin saberlo entre los hermanos. Los padres encuentran muchas veces en sus hijos un escenario ideal donde mover de forma diferente los personajes de su propia infancia para resolver sus antiguos conflictos familiares. Otras veces, los hermanos son tomados como aliados propios o de la otra parte en los conflictos de pareja. En las demás familias, los hijos siempre tienen asignado algún rol específico en los guiones de sus padres. Estoy diciendo que los padres usan a los hijos como escenario, como aliados o como actores de reparto, y que nadie puede librarse de alguna de estas tres cosas.

Así como quisiera bajar la responsabilidad de los padres en las conductas neuróticas que desarrollan los hijos, porque creo que desde la ciencia se sobrevalora el poder de los padres en ese sentido, quisiera aumentar la responsabilidad en este aspecto que creo que se menosprecia.

Yo pienso que, la mayoría de las veces, los padres somos casi únicos responsables de la mala relación entre hermanos, porque ésta tiene absolutamente que ver con cómo los hemos educado y, especialmente, con lo que les hemos enseñado al mostrarles nuestra relación con nuestros propios hermanos y hermanas. Desde el punto de vista del afecto fraternal, nunca dejan de sorprenderme las peleas entre hermanos por la herencia, por el dinero, por el afecto de los padres, por las historias de las frases que empiezan con ... *"Mirá tu hermano"*... o terminan con *"Por qué no hacés como tu hermano"*...

Aquel que tiene un hermano con el que no se relaciona, de alguna manera tiene un agujero en su estructura: ha perdido un pedazo de su vida.

Creo que no exagero si sostengo que en los conflictos entre hermanos el 75% del problema ha sido enseñado por los educadores.

La historia de los hermanos es fatal cuando alguno de los hijos queda excluido del amor de los padres, o por lo menos, de su cuidado y de su atención.

No digo que se quiere a los hijos por igual, porque no es verdad. Después de un tiempo empiezan las afinidades y los padres se relacionan con cada uno de los hijos de diferente manera en diferentes momentos y con distintos grados de sintonía.

Aquella exclusión siempre es dañina, pero es peor cuando estas historias se destapan después de la muerte de los padres, cuando ya no se puede hacer nada para arreglarlo.

Con el tiempo entran en juego algunos parentescos que suelen complicar los vínculos con resultantes poco felices, como el de la nuera y el yerno...

Desde las asociaciones de los nombres, estas dos relaciones vienen signadas por la mala onda. Etimológicamente, la palabra "yerno" viene de "engendro"; no porque el yerno sea un engendro, sino porque en realidad el yerno se elegía para engendrar la prole con la hija. Pero de todas maneras de allí viene. Sobre el término "nuera" hay un viejo chiste que dice que la palabra la inventaron las madres de los novios: "NUERA.... Nuera.... nu era para mi hijo esta chica"...

Los problemas con el yerno y con la nuera suceden porque, de alguna manera, son sindicados por los ahora suegros como impostores, usurpadores de parentesco, ladrones de afectos y, por supuesto, responsables excluyentes de todo lo que nuestros hijos hacen equivocadamente.

Si los hijos son vividos como una prolongación, la familia política es muchas veces vivida como un grupo de personas extrañas que ocupan un lugar en la mesa sin ser uno de nosotros.

Sucede que este casi-extraño no es ni más ni menos que la persona que mi hijo o hija eligió para compartir su vida. Y además, algunos estudios demuestran que quizás las viejas y tan tradicionales rivalidades con las suegras no estén generadas por estas vivencias, sino mucho más simbólicamente porque, tres de cada cuatro veces, la manera de ser de la suegra es estructuralmente bastante parecida a la del yerno.

Cuando hablo de amor y competencia entre hermanos, afortunadamente, no puedo dejar de acordarme del cuento del labrador y su testamento.

Cuentan que el viejo Nicasio se asustó tanto con su primer dolor en el pecho que mandó a llamar al notario para dictarle un testamento.

El viejo siempre había conservado el mal gusto que le dejó la horrible situación sucedida entre sus hermanos a la muerte de sus padres. Se había prometido que nunca permitiría que esto pasara entre Fermín y Santiago, sus dos hijos. Dejó por escrito que a su muerte un agrimensor viniera hasta el campo y lo midiera al milímetro.

Una vez hecho el registro debía dividir el campo en dos parcelas exactamente iguales y entregar la mitad del lado este a Fermín, que ya vivía en una pequeña casita en esa mitad con su esposa y sus dos hijos; y la otra mitad a Santiago, que a pesar de ser soltero pasaba algunas noches en la casa vieja que estaba en la mitad oeste del campo. La familia había vivido toda su existencia del labrado de ese terreno, así que no dudaba que esto debía dejarles lo suficiente como para tener siempre qué comer.

Pocas semanas después de firmar este documento y contarles a sus hijos su decisión, una noche Nicasio se murió.

Como estaba establecido, el agrimensor hizo el trabajo de medición y dividió el terreno en dos partes iguales clavando dos estacas a cada lado del terreno y tendiendo una cuerda entre ellas.

Siete días habían pasado cuando Fermín, el mayor de los hijos del finado, entró en la iglesia y pidió hablar con el sacerdote, un viejo sabio y bondadoso que lo conocía desde que lo había bautizado.

—Padre —dijo el mayor de los hermanos—, vengo lleno de congoja y arrepentimiento, creo que por corregir un error estoy cometiendo otro.

—¿De qué se trata? —preguntó el párroco.

—Le diré, padre. Antes de morir el viejo, él estableció que el terreno se dividiera en partes iguales. Y la verdad, padre, es que me pareció injusto. Yo tengo esposa y dos hijos y mi hermano vive solo en la casa de la colina. No quise discutir con nadie cuando me enteré, pero la noche de su muerte me levanté y corrí las estacas hasta donde debían estar... Y aquí viene la situación, padre. A la mañana siguiente, la soga y las estacas habían vuelto a su lugar. Pensé que había imaginado el episodio, así que a la noche siguiente repetí el intento y a la mañana otra vez la cuerda estaba en su lugar. Hice lo mismo cada noche desde entonces y siempre con el mismo resultado. Y ahora, padre, pienso que quizás mi padre esté enojado conmigo por vulnerar su decisión y su alma no pueda ir al cielo por mi culpa. ¿Puede ser que el espíritu de mi padre no se eleve por esto, padre?

El viejo cura lo miró por encima de sus anteojos y le dijo:

—¿Sabe ya tu hermano de esto?

—No, padre —contestó el muchacho.

—Andá, decile que venga que quiero hablar con él.

—Pero padrecito... mi viejo...

—Después vamos a hablar de eso, ahora traéme a tu hermano.

Santiago entró en el pequeño despacho y se sentó frente al cura, que no perdió tiempo:

—Decime... ¿Vos no estuviste de acuerdo con la decisión de tu padre sobre la división del terreno en partes iguales, verdad?

—El muchacho no entendía muy bien cómo el sacerdote sabía de sus sentimientos—. Y a pesar de no estar de acuerdo no dijiste nada ¿no es cierto?

—Para no enojar a papá —argumentó el joven.

—Y para no enojarlo te viniste levantando todas las noches para hacer justicia con tu propia mano, corriendo las estacas, ¿no es así?

El muchacho asintió con la cabeza entre sorprendido y avergonzado.

—Tu hermano está ahí afuera, decile que pase —ordenó el cura.

Unos minutos después los dos hermanos estaban sentados frente al sacerdote mirando silenciosamente el piso.

—¡Qué vergüenza!... Su padre debe estar llorando desconsolado por ustedes. Yo los bauticé, yo les di la primera comunión, yo te casé a vos, Fermín, y bauticé a tus hijos, mientras que vos, Santiago, les sostenías las cabecitas en el altar. Ustedes en su necedad han creído que su padre regresaba de la muerte a imponer su decisión, pero no es así. Su padre se ha ganado el cielo sin lugar a dudas y allí estará para siempre. No es esa la razón del misterio. Ustedes dos son hermanos, y como muchos hermanos, son iguales. Así fue como cada uno por su lado, guiado por el mezquino impulso de sus intereses, se ha levantado cada noche desde la muerte de su padre a correr las estacas. Claro, a la mañana las estacas aparecían en el mismo lugar. Claro ¡si el otro las había cambiado en sentido contrario!

Los dos hermanos levantaron la cabeza y se encontraron en las miradas.

—¿De verdad Fermín que vos...?

—Sí, Santiago, pero nunca pensé que vos... Yo creí que era el viejo enojado...

El más joven se rió y contagió a su hermano.

—Te quiero mucho, hermanito —dijo Fermín emocionado.

—Y yo te quiero a vos —contestó Santiago poniéndose de pie para abrazar a Fermín.

El cura estaba rojo de furia.

—¿Qué significa esto? Ustedes no entienden nada. Pecadores, blasfemos. Cada uno de ustedes alimentaba su propia ambición *y encima se felicitan por la coincidencia. Esto es muy grave...*

—*Tranquilo padrecito... El que no entiende nada, con todo respeto, es usted* —dijo Fermín—. *Todas las noches yo pensaba que no era justo que yo, que vivo con mi esposa y mis hijos, recibiera igual terreno que mi hermano. Algún día, me dije, cuando seamos mayores, ellos se van a hacer cargo de la familia; en cambio Santiago está solo, y pensé que era justo que él tuviera un poco más, porque lo iba a necesitar más que yo. Y me levanté cada noche a correr las estacas hacia mi lado para agrandar el terreno de él...*

—*Y yo...* —dijo Santiago con una gran sonrisa—. *¿Para qué necesitaba yo tanto terreno? Pensé que no era justo que viviendo solo recibiera la misma parcela que Fermín, que tiene que alimentar cuatro bocas. Y entonces, como no había querido discutir con papá en vida, me levanté cada una de estas noches para correr las estacas y agrandar el campo de mi hermano.*

EL AMOR A UNO MISMO

> *Si yo no pienso en mí, quién lo hará.*
> *Si pienso sólo en mí, quién soy.*
> *Si no es ahora, cuándo.*
> (del Talmud)

Autoestima y egoísmo son tomados generalmente como términos antagónicos, aunque ambos comparten un significado muy emparentado: la idea de quererse, valorarse, reconocerse y ocuparse de sí mismo.

Cuenta una vieja historia que había una vez un señor muy poco inteligente al que siempre se le perdía todo. Un día alguien le dijo:
—Para que no se te pierdan las cosas, lo que tenés que hacer es anotar dónde las dejás.

Esa noche, al momento de acostarse, agarró un papelito y pensó: "Para que no se me pierdan las cosas..."

Se sacó la camisa, la puso en el perchero, agarró un lápiz y anotó: "la camisa en el perchero"; se sacó el pantalón, lo puso a los pies de la cama y anotó: "el pantalón a los pies de la cama"; se sacó lo zapatos y anotó: "los zapatos debajo de la cama"; y se sacó las medias y anotó: "las medias dentro de los zapatos debajo de la cama".

A la mañana siguiente, cuando se levantó, buscó las medias donde había anotado que las dejó, y se las puso, los zapatos donde estaban anotados, los encontró y se los puso; lo mismo sucedió con la camisa y el pantalón. Y entonces se preguntó:
—¿Y yo dónde estoy?

Se buscó en la lista una y otra vez y, como no se vio anotado, nunca más se encontró a sí mismo.

A veces nos parecemos mucho a este señor estúpido. Sabemos dónde está cada cosa y cada persona que queremos, pero muchas veces no sabemos dónde estamos nosotros. Nos hemos olvidado de nuestro lugar en el mundo. Podemos rápidamente ubicar el lugar de los demás, el lugar que los demás tienen en nuestra vida, y a veces hasta podemos definir el lugar que nosotros tenemos en la vida de otros, pero nos olvidamos de cuál es el lugar que nosotros tenemos en nuestra propia vida.

Nos gusta enunciar que no podríamos vivir sin algunos seres queridos. Yo propongo hacer nuestra la irónica frase con la que sintetizo mi real vínculo conmigo:

No puedo vivir sin mí.

La primera cosa que se nos ocurre hacer con alguien que queremos es cuidarlo, ocuparnos de él, escucharlo, procurarle las cosas que le gustan, ocuparnos de que disfrute de la vida y regalarle lo que más quiere en el mundo, llevarlo a los lugares que más le agradan, facilitarle las cosas que le dan trabajo, ofrecerle comodidad y comprensión.

Cuando el otro nos quiere, hace exactamente lo mismo.

Ahora, me pregunto: ¿Por qué no hacer estas cosas con nosotros mismos?

Sería bueno que yo me cuidara, que me escuchara a mí mismo, que me ocupara de darme algunos gustos, de hacerme las cosas más fáciles, de regalarme las cosas que me gustan, de buscar mi comodidad en los lugares donde estoy, de comprarme la ropa que quiero, de escucharme y comprenderme.

Tratarme como trato a los que más quiero.

Pero, claro, si mi manera de demostrar mi amor es quedarme a merced del otro, compartir las peores cosas juntos y ofrecerle mi vida en sacrificio, seguramente, mi manera de relacionarme conmigo será complicarme la vida desde que me levanto hasta que me acuesto.

El mundo actual golpea a nuestra puerta para avisarnos que este modelo que cargaba mi abuela (la vida es nacer, sufrir y morir) no sólo es mentira, sino que además está malintencionado (les hace el juego a algunos comerciantes de almas).

He hablado mucho del tema en estos años, y gran parte de estos conceptos están ya publicados en mi libro *De la autoestima al egoísmo* [8], al que te remito para no repetir.

Si hay alguien que debería estar conmigo todo el tiempo, ese alguien soy yo.

Y para poder estar conmigo debo empezar por aceptarme tal como soy. Y no quiere decir que renuncie a cambiar a través del tiempo. Quiere decir replantear la postura. Porque frente a alguna característica de mí que no me guste hay siempre dos caminos para resolver el problema.

El primero, el más común, es la solución clásica: intentar cambiar.

El segundo camino, el que propongo, es dejar de detestar esa característica y como única actitud, permitir que, por sí misma, esa condición se modifique.

Incluso para cambiar algo el camino realmente comienza cuando dejo de oponerme. Nunca voy a adelgazar si no acepto que estoy gordo.

El ejemplo que siempre pongo es una historia real que me tiene como protagonista:

Yo suelo ser bastante distraído. Cuando tenía mi primer consultorio, muy frecuentemente me olvidaba las llaves, y entonces llegaba a la puerta y me daba cuenta de que me había olvidado el llavero en mi casa. Esto generaba un problema, porque tenía que ir al cerrajero, pedirle que me abriera, hacer un duplicado de la llave, era toda una historia.

La segunda vez que me pasó decidí, furioso, que no podía pasarme más. Así que puse un cartelito en el parabrisas del auto que decía: "llaves". Me subía al auto, veía el cartelito, entraba de nuevo a mi casa y me llevaba las llaves. Funcionó bárbaro las primeras cuatro semanas, hasta que me acostumbré al cartelito. Cuando te acostumbrás al cartelito ya no lo ves más. Un día me olvidé las llaves otra vez, así que le pedí a mi esposa que me hiciera acordar de las llaves. Todas las mañanas ella me decía: ¿Llevás las llaves? Pero el día que ella se olvidó, yo me olvidé y, por supuesto, le eché la culpa a ella, pero igual tuve que pagar el cerrajero.

Un día me di cuenta de que, indudablemente, no había manera; que yo era un despistado y que de vez en cuando me iba a olvidar las llaves. Por lo tanto, hice una cosa muy distinta a todas las anteriores:

Hice varias copias de las llaves y le di una al portero, una al heladero de la esquina (que era amigo mío), otra a una colega que tenía el consultorio a cinco cuadras, enganché una con las llaves del auto y me quedé con una suelta. Tenía cinco copias rondando por ahí.

Este relato no tendría nada de gracioso si no fuera porque, a partir de ese día **nunca más me olvidé las llaves.**

Todavía hoy el portero del departamento de la calle Serrano, cuando me ve, me dice: "No sé para qué me dio esta llave si nunca la usó".

La teoría paradojal del cambio dice que solamente se puede cambiar algo cuando uno deja de pelearse con eso.

Y si mi relación conmigo me condiciona tanto por dejar de vivir forzándome a ser diferente, imaginemos cómo condiciona mi relación con los demás creer que ellos tienen que cambiar.

Uno de los aprendizajes a hacer en el camino del encuentro es justamente la aceptación del otro tal como es. Y eso sólo es posible si antes aprendí a aceptarme.

Enojarse con el otro por cómo es significa que, para que yo pueda quererlo, <u>tiene</u> que ser como yo quiero que sea. Si tu amiga es impuntual y la esperás una hora cada vez que te citás con ella, no te enojes. ¿Quién te obliga a esperarla? Cuando yo espero a alguien que es usualmente impuntual, la razón de mi espera es <u>porque elijo esperarlo</u> y no <u>porque él llegó tarde</u>. ¿Debo hacer responsable al otro de mis propias decisiones?

Mi esposa y yo decidimos hacer nuestra ceremonia de casamiento a un horario inusual: la hora que realmente anunciaba la invitación.
Esperamos quince minutos. Más de la mitad de la gente nunca llegó, o mejor dicho, llegaron mucho después y se quedaron como media hora en la puerta pensando que nosotros todavía no habíamos llegado cuando, en realidad, ya nos habíamos ido.
Son estilos, maneras de plantear las cosas.
Cada uno espera cuanto quiere esperar.

Tu concepto de la puntualidad es tuyo y yo no lo comparto. No tenés que ser como yo, pero no me pidas que sea como vos.

Ser adulto significa hacerse responsable de la vida que uno lleva, saber que las cosas que uno vive en gran medida las vive porque se ocupa de que así sea y, a partir de allí, animarme a quererme incondicionalmente, por egoísta que parezca.

Un día, mientras escuchaba a Enrique Mariscal, se me ocurrió transformar un cuento suyo en este que llamé El Temido Enemigo[9] y que quiero volver a contarte aquí:

Había una vez un rey al que le gustaba saberse poderoso, y deseaba que a su alrededor todos lo admiraran por su poderío.

Llamó un día a un sabio de la corte para preguntarle si había alguien más poderoso que él en el planeta, y el sabio le dijo que se había enterado de que vivía en el poblado un mago cuyo poder nadie más que él poseía: sabía el futuro.

El rey hirvió de celos y empezó a preguntar sobre este mago. Un día, cansado de que le contaran lo poderoso y querido que era el mago, el rey urdió un plan: invitaría al mago a una cena y, delante de los cortesanos, le preguntaría en qué fecha moriría el mago que había llegado al reino. En el momento que respondiera, lo mataría con su propia espada para demostrar que el mago se había equivocado en su predicción. Se acabarían, en una sola noche, el mago y el mito de sus poderes...

El día del festejo llegó y, después de la gran cena, el rey hizo la pregunta:

—¿Es cierto que puedes leer el futuro?

—Un poco —dijo el mago.

—¿Cuándo morirá el mago del reino?

El mago sonrió, lo miró a los ojos y contestó:

—Un día antes que el rey.

Al oír aquella respuesta, el rey no sólo no se atrevió a matarlo sino que, temeroso de que le pasara algo, lo invitó a quedarse viviendo en el palacio con la excusa de que necesitaba un consejero sobre unas decisiones reales.

Por la mañana, el rey mandó a llamar a su invitado. Para justificar su permanencia le hizo una pregunta; y el mago, que era un sabio, le dio una respuesta correcta, creativa y justa.

El rey alabó a su huésped por su inteligencia y le pidió que se quedara un día más, y luego otro más. Todos los días el rey se tomaba el tiempo de charlar con el mago para confirmar que estaba vivo y para hacer alguna pregunta. Sentía que los consejos de su nuevo asesor eran tan acertados que terminó, casi sin notarlo, teniéndolos en cuenta en todas sus decisiones.

Pasaron los meses y los años. Y como siempre, estar cerca del que sabe vuelve al que no sabe más sabio... Así, el rey se fue volviendo poco a poco más justo y dejó de necesitar sentirse poderoso. Reinó de un modo bondadoso y el pueblo empezó a quererlo. Ya no consultaba al mago con la idea de investigar su salud, realmente iba para aprender. Y con el tiempo, el rey y el mago llegaron a ser excelentes amigos.

Hasta que un día, a cuatro años de aquella cena, el rey recordó que el mago, a quien consideraba ahora su mejor amigo, había sido su más odiado enemigo. Y recordó el plan urdido para matarlo.

Como no podía ocultar ese secreto sin sentirse un hipócrita, tomó coraje, golpeó la puerta del mago y, apenas entró, le dijo:

—Tengo algo para contarte, mi querido amigo, algo que me oprime el pecho.

—Dime —dijo el mago— y alivia tu corazón.

—Aquella noche, cuando te invité a cenar y te pregunté sobre tu muerte, yo no quería saber tu futuro, planeaba matarte ante cualquier respuesta que me dieras, quería que tu muerte desmitificara tu fama. Te odiaba porque todos te amaban... Estoy tan avergonzado...

El mago le dijo:

—Has tardado mucho en decírmelo, pero me alegra porque me permite decirte que ya lo sabía. Era tan clara tu intención, que no hacía falta ser adivino para saber lo que ibas a hacer... Pero como justa devolución a tu sinceridad, debo confesarte que yo también te mentí. Inventé esa absurda historia de mi muerte antes que la tuya para darte una lección que recién hoy estás en condiciones de aprender:

Vamos por el mundo odiando y rechazando aspectos de los otros, y hasta de nosotros mismos, que creemos despreciables, amenazantes e inútiles... y sin embargo, si nos damos tiempo, terminamos *viendo lo mucho que nos costaría vivir sin aquellas cosas que en un momento rechazamos.*

Nuestras vidas están ligadas por la amistad y la vida, no por la muerte.

El rey y el mago se abrazaron y festejaron brindando por la confianza de esa relación que habían construido juntos.

Cuenta la leyenda que, esa misma noche, misteriosamente, el mago murió mientras dormía, y que al enterarse, el rey cavó con sus propias manos un pozo en el jardín, justo debajo de su ventana, y que allí se quedó llorando al lado del montículo de tierra hasta que, agotado por el llanto y el dolor, volvió a su habitación.

Cuenta la leyenda que esa misma noche, veinticuatro horas después de la muerte del mago, el rey... murió en su lecho mientras dormía.

Quizás por casualidad... Quizás de dolor... Quizás para confirmar la última enseñanza del maestro.

Este cuento es la expresión de dos cosas: el amor y el egoísmo.

Se supone que el egoísmo es patológico cuando va en desmedro del otro, cuando me impide compartir. Pero, ¿por qué el otro se vería dañado y afectado por el hecho de que yo me quiera mucho?

Sabemos ya que el amor no se agota, que mi capacidad de amar es ilimitada, y por lo tanto, que es ridículo pensar que por quererme mucho a mí mismo no me va a quedar espacio para querer a los demás.

Con el egoísmo pasa exactamente lo mismo que lo que le pasaba al rey con el mago.

El egoísmo es para mí un mago poderoso, capaz de revelarnos algunas verdades sobre nosotros mismos. Pero vivimos rechazándolo, lo queremos matar, sin darnos cuenta de que no podríamos vivir sin él.

Si conseguimos, como en el cuento, hacernos amigos del mago, amigarnos con nuestro egoísmo, entonces no sólo podremos servirnos de él para engrandecernos sino que podremos volvernos más generosos, más nobles, más sabios, más solidarios y más inteligentes.

Todo lo que cada uno se quiere a sí mismo es poco. Con seguridad, a todos todavía nos falta querernos más.

Ocurre que cuando al individuo se le prohíbe ser egoísta, para encontrar un lugar donde quererse, cuidarse y atenderse, se vuelve mezquino, ruin, codicioso, canalla y jodido. El individuo se vuelve despreciable porque cree que tiene que elegir entre él y el otro, y cuando se elige a sí mismo cree que lo hace en contra de su moral. La idea que anima a concebir el egoísmo como un desmedro de los otros es plantearse la vida como una batalla mortal. Pero eso no siempre es cierto. Habrá habido, y seguramente seguirá habiendo, batallas a muerte, pero analizar el mundo de este modo en todo momento es una visión limitada con la cual no comulgo.

Hasta que el individuo no descubre su mejor egoísmo, el poderoso mago dentro de él, no se da cuenta de que él es el centro de su existencia y decimos entonces que está descentrado. Quiero decir, que vive y gira alrededor de cosas externas, que hace centro en otras cosas.

Por supuesto, algunos aspectos de nuestro mundo están compartidos; vos y yo podemos charlar, podemos ponernos de acuerdo y también en desacuerdo, podemos tener espacios en el mundo del otro y espacios comunes a los dos. Pero cuando vos te vas... te vas con tu mundo y yo me quedo con el mío.
Si yo renuncio a ser el centro de mi mundo, alguien va a ocu-

par ese espacio. Si giro alrededor tuyo empiezo a estar pendiente de todo lo que digas y hagas. Entonces vivo en función de lo que me permitas, de lo que me des, de lo que me enseñes, de lo que me muestres, de lo que me ocultes...

Y por otro lado, cuando me doy cuenta de que soy el centro del mundo de otro, me empiezo a asfixiar, me pudro, me canso y quiero escapar...

Mi idea del encuentro es: Dos personas centradas en ellas mismas que comparten su camino sin renunciar a su centramiento. Si no estoy centrado en mí, es como si no existiera. Y si no existo, ¿cómo podría encontrarte en el camino?

¿Por qué es tan difícil aceptar esta idea del encuentro?

Porque va en contra de todo lo que aprendimos. Hemos aprendido que si algo para vos es importante, debe serlo también para mí. Porque estamos entrenados en privilegiar al prójimo.

Pero vengo yo, Jorge Bucay, y provoco, escandalizo, pateo la puerta y digo:

¡Para nada! En realidad, lo que yo miro es más importante que lo que mira el otro; mis ojos son prioritarios a los ojos del otro.

Cada vez que explico este pensamiento, alguien salta indignado: ¡eso es egocéntrico! Y yo digo: Sí, claro que es egocéntrico. Como todas las posturas individualistas, esta postura es egocéntrica. Es individualista, egocéntrica y saludable, las tres cosas.

Indefectiblemente, para aprender esta idea del encuentro hay que desandar la otra, la de la dependencia. Se nos mezclan, seguramente, pero hay que seguir trabajando.

Hay que tener el coraje de ser el protagonista de nuestra vida. Porque si se cede el protagónico, no hay película.

Cuando estamos en una negociación, el otro puede decir muy enojado:

"Pero al final vos estás haciendo lo que a vos te conviene".

Sí, estoy negociando para hacer lo que más me conviene a mí, ¿para qué otra cosa negociaría?

¿Desde qué lugar negociaría si no me prefiriera a mí antes que a vos?

Negocio con otro porque es imposible hacer todo lo que yo quiero, y si pudiera hacerlo, sin dañar al otro, quizás lo haría.

¿Por qué no?

Puedo quererte y estar dispuesto a ceder un poco porque además de quererme a mí te quiero a vos; pero entre los dos, no hay ninguna duda de que me prefiero a mí.

Así como en *El camino de la autodependencia* [10] expliqué que había dos tipos de egoísmo, uno que se oponía a la solidaridad (de ida) y otro que coincidía con la solidaridad (de vuelta), y que este último se educaba, creo que también se educa y hay un buen gusto en la moral.

No se nace sabiendo disfrutar el compartir, tampoco es obligatorio, pero se puede aprender.

Al principio, la música clásica parece medio chirriante, pero después se aprende a escuchar a Tchaicovsky; después ballet; y después, si uno se anima un poquito más, empieza a encontrarle el placercito al barroco; y después empieza a escuchar música sinfónica. Uno va educando su oído y no pierde el gusto por lo anterior, porque está aprendiendo. Y va creciendo hasta, quizás, escuchar y disfrutar de la ópera...

Cuando no hemos sido entrenados para mirar pintura, vemos un cuadro famoso y no entendemos. Pero así como se aprende a escuchar música, se aprende a entender pintura. Se lee sobre pintura y se aprende a mirar.

La moral también se aprende.

Nadie puede hacer que me guste Goya, nadie puede obligarme a que me guste Picasso, pero si yo aprendo, si yo crezco, si yo educo mi buen gusto, va a crecer la posibilidad de que me gusten esas cosas, voy a encontrar aquello que realmente está ahí, para poder extraerlo y disfrutarlo.

Cuanto más disfruto, cuanto más placer soy capaz de sentir, más entrenado está mi amor por mí. Si cuidarte y darte desde el amor me da placer, por qué no pensar que es desde la búsqueda de este placer que yo actúo y ejerzo el amor que te tengo.

Cómo no va a ser así, si el amor por vos proviene del amor por mí.

Hay que darse cuenta de que hay en el mundo personas, cosas y hechos muy importantes, pero ninguna más importante para mí que yo mismo. Porque nos guste o no nos guste, repito, cada uno de nosotros es el centro del mundo en el que vive.

Si en un grupo decís:

—Yo defiendo bien mis lugares porque tengo la autoestima bien elevada.

El otro te dice:

—Che, qué bien, ¿quién es tu terapeuta?

En cambio, si decís:

—Yo defiendo muy bien mis lugares porque soy bien egoísta.

El otro te dice:

—¡Bucay está loco, boludo, cambiá de terapeuta!

Apuesto con todo mi corazón por nosotros. Pero si vas a forzarme a elegir...

entre vos y yo... yo.

PARTE III

ENCUENTROS HORIZONTALES

EL SEXO, UN ENCUENTRO ESPECIAL

La actividad sexual de todos empezó con el contacto erótico y sensual con el propio cuerpo. La masturbación no tiene nada de malo, es maravillosa, una gran fuente de placer independiente, pero tiene un solo problema: no es suficiente. Si uno quiere más... entonces tiene que buscar más allá, y lo primero que saldrá a buscar es otra mano parecida a la propia.
Este es el descubrimiento de la homosexualidad, por la cual transitamos todos por un tiempo, la actuemos o no. La homosexualidad no tiene nada de malo, es maravillosa, puede dar mucho placer, pero tiene un solo problema: no es suficiente. Si uno quiere más... entonces, tiene que complicarse, tiene que buscar lo diferente. Y la complicación es enredarse con el otro sexo.
Este es el descubrimiento de la heterosexualidad. Por supuesto, la heterosexualidad no tiene nada de malo, es maravillosa, y uno puede obtener gran placer de ella, pero tiene un solo problema: no es suficiente. Si uno quiere más... entonces tiene que llegar a la abstinencia y a la meditación.
Pero antes de llegar ahí hay que haber tenido

todo el sexo que uno desee. Porque a la abstinencia
nunca se llega antes de sentir que todo el placer
encontrado ha sido insuficiente...

Bagwan Shree Rajneesh (Osho)

Me gusta citar a Osho cuando empiezo a hablar de la sexualidad porque, aunque no acordemos del todo con alguno de los planteos (no creo que yo pueda llegar a ese descubrimiento de insuficiencia que me lleve a la abstinencia...) ciertamente, la sexualidad genera más de una complicación. Pero como la naturaleza siempre hace las cosas con algún sentido, esta complicación debe tener uno. ¿Cuál es el sentido?

La procreación en sí misma no alcanza a justificar tanto desarrollo, pues existía antes de la sexualidad. Antes de la aparición de las especies sexuadas, la biología nos muestra que los seres vivos se reproducían (división celular, brotación, etc.)

La pregunta se reformula: ¿Por qué la naturaleza inventa la procreación sexual?

Y una de las respuestas que enseña la biología es: Por la evolución.

Si una célula madre da origen a dos células simplemente dividiéndose por la mitad y cada una de las hijas se transforma en una célula nueva y joven, cada progenie resultará forzosamente idéntica a la original, dado que se gesta a partir de la información encerrada en el código genético de su madre.

Para poder dar origen a una descendencia diferente del progenitor, para asistir a la creación de algo distinto, hace falta que haya diferencia en el material genético entre las generaciones. La forma que la naturaleza encontró fue conseguir que dos células diferentes se cruzaran entre sí y entremezclaran su información generando así células distintas de ellas mismas.

Aparece entonces la posibilidad de que la cruza genere variación y, por lo tanto, evolución.

Sólo desde el intercambio entre sexos se puede producir una procreación que genere evolución.

Para la biología, la heterosexualidad es la conquista de ese camino evolutivo. También entre los humanos la homosexualidad es muchas veces un tránsito hacia la heterosexualidad.

Desde mi opinión personal, lo único que los homosexuales se pierden, si es que se pierden algo, es el contacto con lo diferente. No es lo mismo estar hablando con un amigo que con una amiga, no es lo mismo lo que pasa al compartir una experiencia de trabajo con una persona del mismo sexo que con una persona del sexo opuesto. No es lo mismo, claro que no, convivir con alguien de tu sexo que con alguien del sexo opuesto (odio esto del sexo opuesto pero me parece tan estúpida cualquier otra manera de decirlo que me resigno).

El contacto entre un hombre y una mujer genera de por sí evolución, genera la posibilidad de conquistar a partir de lo diferente nuevos espacios de desarrollo.

La suma de la mirada femenina y la mirada masculina, que se consigue en gran medida por el solo hecho de pertenecer a otro sexo, nos enriquece siempre.

Esto conduce a pensar que la sexualidad, más allá de su función procreadora, tiene para nosotros además otra función importantísima: Favorecer el encuentro entre otro y yo.

El sexo es un punto más de encuentro entre los seres humanos y, como tal, un aspecto más de su posibilidad de comunicación.

Y por supuesto (con o sin el acuerdo de Osho): el placer.

La sexualidad es para el ser humano, más que para ningún otro ser vivo, una fuente de placer.

En la especie humana, el encuentro sexual se produce, las más de las veces, sin estar ligado a la intención de procrear.

Pero como en nuestra cultura no hay placer sin culpa, entonces al hablar de sexualidad aparece la historia del placer culposo.

Cuando éramos chicos, la masturbación era una historia dramática, terrible y peligrosa que las madres y los padres censuraban y criticaban.

Algunos de los mitos que excedían el castigo de Dios eran, para los varones, la amenaza del crecimiento de pelos en la palma de la mano... o de volverse tarado... o de terminar loco (algunos hemos quedado un poco locos pero dudo que sea sólo por eso).

Para las mujeres, la censura amenazaba con el peligro de lastimarse y no poder tener hijos cuando fueran grandes.

Los padres de hoy aprendimos que la masturbación es parte de la evolución normal de nuestros hijos, y al comprenderlo hemos dejado de hacer de la exploración que efectúan en sus propios cuerpos un motivo de persecución o de miradas censuradoras.

Afortunadamente, la sexualidad ya no es una cosa vedada de la que los chicos no puedan hablar.

Sin intención de ser excluyente, me parece importante aclarar que me propongo escribir aquí sobre el encuentro heterosexual entre adultos sanos (o mejor dicho, crecidos no demasiado neuróticos).

Me contaron un cuento muy divertido.

Una señora va a una aerolínea a comprar dos pasajes en primera clase a Madrid. En la conversación, al pedir los nombres de los pasajeros el empleado descubre que el acompañante de la señora es un mono. La compañía se opone y el argumento de que si ella paga el pasaje puede viajar con quien quiera es radicalmente rechazado.

Si bien en un principio la compañía adopta esta actitud, una oportuna carta de recomendación de un político de turno logra que le den un permiso para llevar el mono, no en un asiento sino en una jaula, como marcaba la norma, tapado con una lona, pero en la zona del equipaje de las azafatas en el fondo de la cabina del avión.

La mujer acepta la negociación de mal grado y el día del vuelo sube al avión con la jaula cubierta con un lona verde que lleva bordado el nombre del mono: FEDERICO. Ella misma lo traslada al estante de puerta de tijera del fondo y se despide de él. "Pronto estaremos en tu tierra, Federico, como se lo prometí a Joaquín".

Da un vistazo para controlar el lugar y vuelve a primera clase a acomodarse en su asiento.

A mitad del viaje, una azafata muy atenta tiene la ocurrencia de convidar al mono con una banana y, para su sorpresa, se encuentra con que el animal está tirado inmóvil en el piso de la jaula. La azafata ahoga un grito de horror y llama al comisario de a bordo, no tan preocupada por el mono como por su trabajo. Todos sabían que la señora dueña del mono venía muy recomendada.

En el avión se arma un tremendo desparramo. Todos corren de aquí para allá. El comandante se acerca a Federico y le hace respiración boca a boca y masaje cardíaco. Durante más de una hora intentan reanimarlo, pero no ocurre nada. El animal está definitivamente muerto.

La tripulación decide enviar un cable a la base para explicar la situación. La respuesta que reciben tarda media hora en llegar. Hay que evitar que la pasajera se entere de lo sucedido. "Si la señora hace un escándalo posiblemente los dejen a todos en la calle. Tenemos una idea. Sáquenle una foto al mono y mándenla por fax al aeropuerto de Barajas en Madrid. Nosotros daremos instrucciones para reemplazar el simio apenas aterrice el avión".

El personal a cargo efectúa la orden al pie de la letra. Envían la foto y en el aeropuerto ya se están llevando a cabo los preparativos para la operación de sustitución. Mientras esperan que el avión aterrice, comparan la foto del mono de la pasajera con el mono conseguido. Al mono muerto le falta un diente; entonces le arrancan uno con una tenaza al falso Federico. Luego ven que aquel tiene una marca rojiza en la frente, así que con matizador maquillan al mono nuevo. Detalle por detalle arreglan las diferencias hasta que finalmente un rápido hachazo equipara el largo de sus colas. Terminan el trabajo justo justo cuando el avión aterriza. Los asistentes suben rápidamente, sacan a Federico de la jaula, lo tiran al cesto de basura y ponen al mono nuevo en su lugar. Lo tapan con la lona y el comisario es designado para entregarlo.

Con una sonrisa, el hombre entrega la jaula a la señora mientras le dice:

—*Señora, su mono.*

La señora levanta la lona y dice:

—*¡Ay, Federico! Estamos otra vez en tu tierra.*

Pero cuando lo mira bien, exclama:

—*¡Este no es Federico!*

—*¿Cómo que no es? Mire, tiene rojizo acá, le falta el dientito...*

—*¡Este no es Federico!*

—*Señora.. todos los monos son iguales, ¿cómo sabe que no es Federico?*

—*Porque Federico... estaba muerto.*

Y entonces todos se enteran de lo que nunca pensaron. La señora llevaba el mono a España para enterrarlo, porque era una promesa que le había hecho a su marido antes de morir.

Lo cierto del cuento es que nadie sabe mejor que yo lo que llevo en mi equipaje, lo que yo llevo lo sé yo.

¿Quién me va a decir a mí cómo tengo que viajar?

Elegí este cuento como comienzo para decir que no se puede hablar de sexo desde otro lugar que no sea el de la propia experiencia, que es el equipaje que cada uno carga.

Como en estas cosas no hay verdades reveladas, y si las hay yo no las tengo, es necesario aclarar que las cosas que digo pertenecen a lo que yo creo como terapeuta, como persona y como individuo sexuado que vive en esta sociedad que compartimos. Por lo tanto, se puede estar de acuerdo o en desacuerdo con ellas, es decir, no tienen por qué ser valederas para todos.

En primer lugar, hace falta desmitificar algunas creencias que hemos heredado sobre nuestra sexualidad.

La primera es que el sexo saludable, pleno, disfrutable, inconmensurable y no sé cuántos "-ables" más, _tiene_ que venir por fuerza ligado al amor.

Es una idea interesante, falsa, pero interesante.

Tanto ligamos el sexo al amor que hablamos de "hacer el amor" como si fuera un sinónimo de encuentro sexual. Y la verdad es que no son sinónimos.

El sexo es una cosa y el amor es otra.

Si bien es cierto que pueden venir juntos, a veces no es así.

No necesariamente la sexualidad viene con el amor.

No necesariamente el amor conlleva sexualidad.

Así como alguna vez dije que el amor tenía que ver con el sentimiento puro y no hacía falta incluir el deseo sexual, digo en esta oportunidad que el sexo no necesita incluir al amor para ser verdadero.

Uno puede elegir incluirlo.

Uno puede decidir que ésta es su manera de vivir el sexo y el amor, y es una decisión personal. Pero no es una decisión genérica, válida para todos.

Amor y sexo son dos cosas tan independientes como un saco y un pantalón. Uno puede ponerse las dos cosas juntas y, si combinan, quizás hagan un traje, y puede ser lindo verlos juntos. Pero uno puede usar un jean con una camisa, un pantalón negro con una polera verde, y esta combinación puede quedar bien o mal, pero siguen siendo dos cosas diferentes.

Ahora, para hablar de relaciones sexuales hace falta saber qué entendemos por esta expresión.

Me acuerdo siempre del viejo chiste que me contaron de una señora un poco ingenua que sale de una charla mía y en el hall de la sala le dice al marido:
—Decime viejo, ¿nosotros tenemos relaciones sexuales?
El marido la mira y le dice:
—¡Sí, claro, mi amor, claro que tenemos!
Y ella dice:
—¿Y por qué nunca las invitamos?

Vamos a tener que saber una vez más de qué hablamos. Si uno quiere hablar de sexo va a tener que animarse a llamar a las cosas por su nombre. Esto significa no hacer ninguna vuelta para no decir algo porque sea prohibido, feo, mucho menos porque suene pornográfico u obsceno.

Y quiero avisar ahora que desde aquí hasta el final, en este capítulo, un culo es un culo. No es: ni el lugar donde termina la espalda, ni un trasero, ni la parte de atrás, ni una nalga, ni un glúteo, ni un agujero incógnito y turbio... Un culo es un culo.

Pido disculpas por esto, porque sé que a algunos lectores las palabras pueden sonarles hirientes. Pero como no está claro qué significa y de dónde viene todo aquello que llamamos sexo, por unas páginas vamos a levantar, con los que decidan seguir leyendo, las barreras que impiden escribir algunas palabras. Y no me parecería mal que alguien saltara hasta el próximo capítulo donde hablo de la pareja, porque hay que defenderse de lo que a uno le molesta.

En lo cotidiano, uno no usa la expresión "relaciones sexuales". Hay otras palabras que tampoco usamos, y que suenan peores todavía, por ejemplo, "coito", que suena a prequirúrgico, a barbijo, a sin tocarse; o "cópula", que puede hacernos pensar en un perro en una sala de experimentos; o "pinchar", que suena demasiado guarango e incluso antiguo. La dificultad de "encamarse" es que no termina de definir, es como más geográfico; y respecto de "fornicar", mi tío Fernando sigue creyendo que es una tarjeta de crédito.

Para mí hay tres maneras de referirse a la relación sexual, que son las tres palabras que más usamos en la Argentina.

Entonces, me gusta decir que vale la pena, para saber de qué hablamos, diferenciar entre "fifar", "coger" y "hacer el amor".

FIFAR

Fifar, en nuestro slang de Buenos Aires, es un sinónimo vulgar y simpático de tener un encuentro sexual intrascendente. Es por definición incidental, descomprometido y de alguna forma deportivo. Es el hecho puro, concreto y mecánico de uno que vio pasar a otro y por alguna razón terminó en una cama.

El diálogo posible después de fifar sería:

Ella: I love you darling.

Él: ¿Lo qué?

Y nunca entendieron nada de lo que el otro estaba diciendo. Se encontraron pero no establecieron ningún vínculo, ningún diálogo verdadero. Puede ser placentero o displacentero, pero nada más.

Fifar es acostarse con un culo, con un auto, con una cara atractiva, con mi propia calentura del día. El otro es sólo un accidente, un partenaire, alguien que cumple una función para que podamos tener un intercambio de fluidos.

COGER

En cambio, coger, que usamos coloquialmente en la Argentina, define un algo más. Coger es una palabra que a mí me parece injustamente maltratada, porque se la ve como una "mala palabra" y, sin embargo, es el término que usamos cotidianamente para hablar de sexo, lo cual no es casual.

En casi todos los idiomas del mundo, la palabra más popular para definir el acto sexual, la que se usa en la calle, siempre tiene un sonido /k/, /j/ o /f/, dos o todos ellos, porque estos tres fonemas le dan a la palabra la fuerza que tiene que tener para significar lo que representa ("cushé" en francés, "fuck" en inglés, "follar" en España, "litfok", en hebreo).

El intercambio sexual tiene mucha historia como para dejarlo en una palabra tibia.

Fonéticamente, "coger" tiene esta fuerza.

Por otro lado, etimológicamente, "coger" viene de "coligere", que quiere decir ligar o relacionar algo entre dos, y por lo tanto también deriva de "ligere" que quiere decir elegir, seleccionar. Del mismo modo que "coger" en español puro es tomar, agarrar algo, "coger" es establecer un vínculo con aquello que yo tomo o elijo, con aquello que he seleccionado por alguna razón.

"Coger" denota un modelo de vínculo donde no solamente se fifa por deporte, hay más, hay un vínculo entre las personas, algo les pasa.

Este algo puede ser muchas cosas: afecto, simpatía, atracción trascendente, atracción fugaz, experiencia compartida, etc., pero hay necesariamente un vínculo establecido.

Se puede fifar con cualquiera, pero no se puede coger con cualquiera.

Para coger, hace falta involucrarse, tener un vínculo.

HACER EL AMOR

Hacer el amor es coger cuando el vínculo que hay entre nosotros es el amor.

Si yo no amo, no puedo hacer el amor. Lo puedo llamar como quiera, pero no es un acto amoroso, y como no es un acto amoroso no es hacer el amor.

No tiene nada de malo coger sin hacer el amor.

No es mejor hacer el amor que coger.

No es mejor coger que fifar.

Son tres cosas diferentes y ninguna es mejor o peor que la otra.

En todo caso, sería bueno saber qué estamos haciendo en cada momento, para esclarecer lo que nos pasa. Y no creer que necesariamente para tener una actividad sexual hace falta hacer el amor. A fin de cuentas, es una decisión personal.

Por ejemplo, yo puedo decidir que fifar, a mí, Jorge Bucay, no me interesa más, que no me parece divertido, que no me alcanza. Podría decidir que el hecho de coger no me interesa más y que me interesa solamente hacer el amor. Y podría centrarme en esta elección. De hecho, para mí es mucho mejor coger que fifar y es mucho más placentero hacer el amor que coger. Pero no por esto voy a hacer creer a los demás que lo único que sirve, que lo único bueno, valedero y sano es el sexo que se tiene haciendo el amor. Esto es así con mi equipaje y en mi etapa del viaje.

Decirlo de otra manera sería no sólo una exageración sino, además, una gran mentira.

Que yo agregue cosas al hacer el amor para hacer la relación más completa, más trascendente, más intensa o más energéticamente movilizadora para mí, no quiere decir que coger no sea sexo ni que fifar no sirva.

Ninguna de las tres formas excluye la posibilidad de disfrutar.

Uno puede comer un helado de crema.

Uno puede comer un helado de crema y bañarlo en chocolate.

Uno puede comer un helado de crema bañado en chocolate y ponerle una frutilla arriba.

Suponiendo que a mí me gustan estas tres cosas, cada vez, el helado resultante será más rico.

Pero esto no quiere decir que el helado de crema solo no sea un helado, que el helado sin frutilla no sea rico, etc.

A medida que pasa el tiempo, uno se va poniendo más exigente con su sexualidad. Como si con el correr de los años conformara menos el mero placer y se buscara más comprometidamente aquellos encuentros que realmente satisfacen.

Hacer el amor implica una conexión con el amor que no se da todo el tiempo, ni siquiera entre dos personas que se aman.

Esto permite, por suerte, que las relaciones sexuales con una pareja estable no sean siempre iguales; permite vaivenes, encuentros y desencuentros, distancias y aproximaciones, toda una serie de situaciones que no tienen por qué pensarse como problema.

Por supuesto, si alguien ha llegado a conquistar la idea de hacer el amor, el día que se encuentra con que hace tiempo sólo puede coger con su pareja, siente que algo está faltando, entonces tendrá que plantearse dónde ha quedado aquello que conquistaron juntos.

Culturalmente nos enseñan que tener sexo es hacer el amor. Sobre todo a las mujeres. Durante muchísimos años, y todavía hoy, aunque parezca mentira, a las mujeres, pero solo a ellas, se les enseñó que el único sexo permitido era el que estaba ligado al amor.

Se les enseñó que tener sexo sin amor era impertinente, sucio, feo, malo, dañino, perverso o, por lo menos, no era de chicas bien. Así, antes de casarse podían amar a cualquiera, pero coger... con nadie.

Con todo derecho, habrá quienes piensen que los tiempos han cambiado, que la cosa no es tan así, que la educación de las mujeres hoy en día es otra, que han ido evolucionando y liberándose de muchas cosas que sus madres y sus abuelas les enseñaban. Y es verdad.

Sin embargo, hay manifestaciones de esta diferenciación injusta y discriminadora respecto de lo sexual que siguen sin cambiar.

Mal que nos pese, en esta cultura y en nuestros países, seguimos educando sexualmente de manera diferente a varones y mujeres.

Pero sobre todo, más allá de la voluntad de educar con igualdad, los viejos condicionamientos se siguen filtrando.

En *¿Para qué sirve un marido?*, Mercedes Medrano[11] dice algo más o menos así:

"Yo soy una mujer soltera, tengo cuarenta años, soy periodista, vivo sola, no dependo de nadie, no tengo pareja, tengo una casa, me pago los gastos y hago lo que quiero con mi vida. Y entonces, cada vez que yo quiero ligar con alguien (ligar en España es el equivalente de fifar) yo digo que éste es mi derecho y que yo puedo acostarme con quien quiera porque mi cuerpo es mío y después de todo, me digo, el placer sexual y el orgasmo me pertenecen a mí, no tengo que rendirle cuentas ni darle explicaciones a nadie, así que no tengo por qué establecer compromisos posteriores con alguien con quien yo me vaya a la cama porque tengo la misma libertad que los hombres de hacerlo. Así que elijo al tío que me gusta y lo invito a mi departamento y me acuesto con él y tengo sexo sólo porque así lo decido y sólo porque mi cuerpo es mío y me pertenece. Y me acuesto diciéndome todo esto. Y cuando me levanto, irremediablemente... estoy enamorada."

Ella cuenta esto para dar a entender que si bien en teoría todo queda muy claro, la educación sexual que ella y su madre y su abuela han recibido sigue condicionando su conducta. El aprendizaje es que si hubo sexo, después tiene que haber amor, porque si no el producto queda como bastardeado.

Yo no tengo nada en contra de que el amor venga incluido. Lo que detesto es la idea de que sea imprescindible. Pero, sobre todo, detesto la idea discriminadora de creer que hay una diferencia entre la sexualidad de los hombres y la sexualidad de las mujeres.

Por supuesto, hay una diferencia en lo anatómico, hay una diferencia en la función o en la forma, pero así como creo que los hombres y las mujeres tienen la misma disposición y la misma posibilidad de crecer, de evolucionar, de decir y de pensar, creo que tienen la misma capacidad y las mismas limitaciones en la sexualidad.

Excepto en aquellos aspectos pautados socialmente.

Excepto en la conducta derivada de las creencias que algunos han sembrado en nosotros y que nosotros seguimos sosteniendo.

Hay que deshacerse de esas creencias discriminadoras. Creo que de algunas ya nos hemos deshecho, pero todavía quedan rastros.

Si le preguntamos a un grupo de 100 mujeres y hombres en la Argentina si están dispuestos a admitir que su pareja alguna vez ha tenido un desliz sin importancia, más del 75% de las mujeres lo admitirán en privado y menos del 10% de los hombres aceptarán la remota posibilidad.

No hay correspondencia entre lo que creen los hombres y lo que creen las mujeres.

Las estadísticas indican que parece más lícito para una mujer que para un hombre pensar que quizá su pareja haya tenido un desliz.

La pregunta es: ¿por qué?

Porque es más lícito para un hombre tener aventuras.

¿Por qué pensar que un hombre podría y una mujer no?

Entonces... me acuerdo de cuando éramos chicos. A los varones nos decían:

"Cogete a todas, menos a tu novia."

Mi hermano tiene cinco años más que yo. Cuando yo tenía catorce —hace treinta y siete años—, él tenía una novia, y a veces, los viernes, mi hermano salía sin la novia. A mí me sorprendía, no entendía por qué la novia lo dejaba. Entonces él me decía:

—Porque yo a ella la quiero de verdad.

Y yo decía:

—¿Y?

—Y entonces le tengo mucho respeto.

—¿Y?

—Y entonces hay cosas que yo no voy a hacer con ella...

Entonces yo le decía:

—¿Y ella sabe?

—Sí.

—¿Y no se enoja?

—*Bueno, se enojó. Pero después habló con la madre...*
—*¿Y?*
—*Y entonces la madre le dijo que ella no tenía que enojarse, que al contrario, eso demostraba que yo era un buen muchacho.*

Esto, créanme, es verdad, literalmente pasó (y prefiero pensar que ya no pasa).

Entonces, las madres de aquellas novias de mi hermano o mías les enseñaban a sus hijas que los hombres teníamos ciertas "necesidades fisiológicas".

Se entiende que esto no tiene ningún asidero en lo real, no hay un solo libro de medicina que hable de esto, pero algún varón piola un día lo inventó y calzó tan bien que, como las chicas no podían tener relaciones antes del matrimonio, avalaban que los chicos tuvieran sus aventuras por ahí.

Claro, las chicas preguntaban: "¿Y nosotras no tenemos necesidad fisiológica?", porque sentían cosas. Y las madres, claro, les explicaban que no tenían. ¿Por qué no tenían? Porque tenían... ¡el alivio de la menstruación!

¡Qué infames! Suena —y es— de terror, pero este argumento fue parte del concepto educativo hasta hace veinte años. Se decía que la menstruación era un alivio porque "depuraba la sangre", y entonces con la sangre depurada de toxinas las mujeres no tenían "esos" deseos. Como el hombre no tenía esta depuración de la menstruación, entonces tenía que resolver su incontenible necesidad fisiológica, porque si no la resolvía... ¡le dolían los testículos!

Y lo peor de todo es que el mundo entero creía esto, ¡inclusive los hombres!, que nos montábamos en la historia de que nos dolía, que nos apretaba, que hace mucho que no...

Esto parece absurdo hoy, sin embargo, la impronta se mantiene. Esto es lo grave.

Nosotros, que sabemos que no es así, seguimos funcionando como si así fuera, permitiéndoles algunas licencias a los hombres como si tuvieran la necesidad fisiológica y no permitiéndoselas a algunas mujeres como si tuvieran el alivio de la menstruación.

Y no es que el dolor testicular no exista, sino que era una historia planteada por los hombres.

Después de un round de caricias subidas de tono (franela, como se decía entonces), el varón decía: "¡No me vas a dejar así!"

¿Y ella? ¿Por qué ella no decía "No me vas a dejar así"? Como si ella no sintiera nada... ¿Qué pasaba con el "así" de ella?

Esta historia espantosa condiciona nuestra creencia hasta tal punto que seguimos diferenciando la sexualidad entre hombres y mujeres, diciéndoles a nuestras hijas que las mujeres tienen más para perder.

Escucho estas frases y me parece increíble que la educación represiva de hace más de cincuenta años siga causando estragos.

La educación ha cambiado, es cierto, estas cosas no se escuchan en verdad, los jóvenes mismos son más sanos, sin lugar a dudas. Y sin embargo, hace falta admitir con humildad que nuestra ignorancia pasada influye todavía en nuestras vidas.

En los hechos concretos, la iniciación sexual de los jóvenes de hoy está muy lejos de ser la espantosa iniciación sexual que teníamos nosotros.

Un tío o un amigo nos llevaba para que "debutáramos" con una de las chicas "de vida ligera", como decían ellos. Parecía algo importante, porque ahí uno se graduaba de hombre y el tío se quedaba tranquilo, convencido de que uno no era puto, cosa que era fundamental demostrar. Entonces el tío iba a ver al viejo de uno y le decía: "Ya está". Y el padre de uno entendía que se podía quedar tranquilo. Porque... "Dios no permita".

En fin, el debut del hijo varón era un placer y un alivio para la familia, porque significaba la certeza de que el chico no iba a ser homosexual; pero para él, en general, era una porquería.

En mi barrio había que hacerlo antes de los dieciocho, porque de lo contrario no quedaba otra que mentir mucho. Después me enteré de que no era el único que mentía...

A nadie se le ocurría iniciar a ninguna mujer, y mucho menos hacer un festejo.

Hoy en día, en nuestros hogares, cuando la nena viene a hablar de esto, los padres "modernos y psicologizados" dicen solemnemente:

"Ajá... ¿Lo pensaste bien, no? Porque mirá que..."

Pero no hay placer ni festejo por la hija que inició su vida sexual, ni siquiera alivio.

Seguimos educando como si la sexualidad fuera diferente para mujeres y varones.

Y esto es manejado por una estructura machista de pensamiento.

Mal que nos pese, aunque intentemos superar esta mirada y luchar juntos, hombres y mujeres, por el pie de igualdad respecto de muchas cosas, incluida la liberación que significa poder decidir sobre nuestra vida sexual, no lo estamos haciendo.

Esta enseñanza no es producto de una inocencia de la cultura, ni producto de enaltecer la sexualidad, sino que tuvo en su origen un sentido específico: fortalecer la monogamia, o mejor dicho, la fidelidad, sobre todo de las mujeres.

Porque si a ella le enseñaron que se ama una sola vez en la vida y para siempre, como vimos antes, y el sexo se puede tener solamente cuando se ama, el resultado es una garantía absoluta de fidelidad. Es decir, la mujer no puede coger con nadie, salvo con su marido.

Por el contrario, como al hombre le enseñaron que el sexo y el amor son cosas distintas, bien puede creer que se ama una sola vez en la vida y para siempre, pero esto no le impide irse a coger con quien quiera. Y si encima aprendió que la esposa debe ser casta, pura y angelical... entonces puede terminar cogiendo con todas menos con su mujer.

A favor del conflicto edípico, el psicoanálisis explica que eróticamente uno está inevitablemente conectado a su mamá. Cuando el chico tiene cuatro años, esto no es problema, pero después, cuando cumple doce, empieza a serlo. Porque si hay un tabú generalizado en todas las culturas, es este: con la madre no se coge. Con el padre, algunas culturas dicen que sí; con los hermanos y los primos, también; pero con la madre está prohibido en todas las culturas de todos los tiempos. Entonces, uno se da cuenta solito de que su deseo está mal, que no se hace. ¿Qué pasa con este pequeño caballerito de doce años que quiere cogerse a su madre? En el mejor de los casos, se identifica con su papá y le dice internamente: "Cogétela vos, papi, que lo hacés bien", y se siente tranquilo. Pero no siempre es tan fácil. Lo cierto es que tiene que hacer algo con su deseo que no sea estrictamente cogerse a la madre.

Y lo que en general hace es tomar esta imagen de mujer única que es la madre y dividirla en dos imágenes antagónicas: una, la mujer santa, casta, pura y angelical, que representa a la madre, con la cual, por supuesto, no se coge. Y otra, la mujer puta (no la que cobra, sino la que goza) para disfrutar, con la cual se coge, absolutamente; de hecho está para eso.

Casi todos los hombres llegamos al mundo sexual adulto con esta imagen dividida. Las mujeres pertenecen a dos grupos: madres y putas. Cuando un varón busca a una chica para coger, sabe dónde encontrarla. Cuando busca a una chica para formar pareja y casarse, recurre al grupo de las madres. Entonces sucede algo que parece lógico pero que a él lo asombra:

No sabe por qué, no tiene ganas de coger con ella.

¡Quiere coger con todas las demás menos con la que eligió!

Y es lógico, porque fue elegida sobre la impronta del aspecto amado de su mamá.

El 70% de los tipos que están en pareja y tienen un vínculo estable con esa mujer que eligieron y que les resulta bárbara para estar en pareja, tienen que salir a putanear por ahí porque las que realmente los calientan son las otras.

Y para agravar este asunto, las madres les han enseñado a las hijas que hay que ser casta y pura, no puta.

¿Cómo resolvemos esta conducta disociada de un modo saludable? Encontrando a una mujer cuya actitud personal tenga tales características que nos permitan volver a unir las imágenes que alguna vez separamos. Esto es, una mujer que pueda sumar los aspectos de los dos grupos arquetípicos: el de las madres y el de las putas.

Dice un paciente mío que cuando uno tiene una mujer capaz de ser madre y de ser puta, tiene una mujer de puta madre.

Y es cierto y es maravilloso, no sólo para ese hombre.

Cuando una mujer se anima a ser madre y puta, tierna y sensual, buena y erótica, se siente otra vez completa.

Las mujeres también tienen que aprender que no hay diferentes grupos, que ser puta no es ser prostituta, es saber disfrutar del sexo.

La mujer ideal, decía Schopenhauer, es una princesa en la vida social, una avara en los gastos y una puta en la cama. No como la mía —decía él—, que es una princesa en los gastos, una puta en la vida social y una avara en la cama.

Si para que los hombres no tengan que buscar afuera, la mujer tiene que reunir la actitud de una madre y la actitud de una puta, ¿qué aspectos tiene que reunir el hombre para que la mujer no tenga que buscar otro hombre afuera?

Porque también hay dos imágenes de hombre: el asexuado (protector, paternal, etc.) y el potro (sensual y musculoso).

Las mujeres suelen decir que su expectativa del hombre es que sea cuidadoso, tierno, protector, que tenga swing y sea un caballero. Queda claro que éste es uno de los dos aspectos. ¿Cuál es entonces el equivalente masculino de la mujer que disfruta del sexo? Porque el hombre dice con orgullo en la mesa de café: "¡Mi mujer es bien puta!"... ¿Qué dicen las mujeres cuando hablan de esta cuestión?

En mis charlas, las mujeres dicen que tiene que ver con muchas cosas, pero terminan en la ternura.

A mi juicio, la pretensión de los hombres de que las mujeres sean putas en la cama no tiene un equivalente exacto en el lenguaje de las mujeres. Y posiblemente no lo tenga porque culturalmente está aceptada la exigencia del hombre, pero no todavía la exigencia de la mujer.

Si para la mujer el sexo estaba ligado al amor, entonces no estaba ligado necesariamente al placer.

El placer provenía de la entrega hacia el hombre amado, pero no de la práctica sexual en sí misma. ¿Cuál es el equivalente masculino más aproximado de la mujer *de puta madre*? No lo sé, y me temo que hasta que no lo descubramos el lugar va a ser ocupado por el play-boy seductor y mujeriego que promete lo que jamás cumple. Quizá sea hora de poner en palabras (y dejo este desafío para alguna lectora) la manera de definir al hombre *de puta madre*. Para encontrarlo, aunque todavía no lo podamos nombrar, valdrá la pena, para las mujeres, acercarse a la fusión de las imágenes, y para los hombres, animarnos a ver en todas a la mujer completa que deseamos encontrar.

Me parece que mujeres y hombres somos seres sexuados que podemos elegir. Creo que para una señora a la que le encantaría acostarse con todo el mundo, quedarse con un solo señor es un esfuerzo. Habría que ver si debe hacerlo o no. En todo caso, la fidelidad es parte del pacto con su pareja. Y cada pareja puede hacer el pacto que quiera.

No hay diferencia en la apetencia sexual de los hombres y las mujeres.

La "necesidad fisiológica del hombre" es la trampa con la cual durante décadas los hombres hemos engañado a las mujeres. Es una cárcel donde sólo entran ellas. La mujer queda presa de un solo hombre y el hombre queda en libertad.

Es que, además, se trataba de eso, de tenerlas engañadas para que pensaran que no podían tener sexo con otro hombre porque el sexo se tenía sólo por amor y si no era de prostitutas... Porque, como decía la tía Gloria: *"Para ir a la cama con un tipo que no es tu marido y no cobrar, mejor ser honrada"*.

Ligando el sexo al amor, las mujeres tenían una única manera de tener sexo sin necesidad de prostituirse: ser fieles.

Pero, más allá de esto, como ya no se puede sostener la idea de que los hombres tienen necesidades fisiológicas y las mujeres no, aparecen nuevos mitos para reemplazar aquel.

Que el hombre tiene más necesidad que la mujer.
Que potencialmente el hombre es más apto para disfrutar que la mujer.
Que es el hombre el que aporta el deseo porque ella no lo siente.

El mito sostiene que las mujeres, por constitución, por esencia o porque son más espirituales y porque son madres no les interesa tanto el sexo. Que los hombres son por ende más "sexuados" que las mujeres.

Por supuesto, estos mitos siempre encuentran estadísticas, más o menos ajustadas al deseo del encuestador, que los avalen.
En 1925, un informe médico alemán aseguraba que el 70% de las mujeres eran frígidas. En el mismo informe, solamente el 5% de los hombres admitía padecer alguna disfunción sexual.
El resultado confirmaba que el lugar de la mujer en la sexualidad era estar a disposición del deseo del hombre.
En 1945 (el primer Informe Hite) con la influencia de la corriente psicoanalítica, las disfunciones masculinas empiezan a quedar al descubierto y las mujeres empiezan a animarse más a disfrutar sin cargar con la acusación de ser prostitutas por ello.
Sobre mitad de siglo, las mujeres frígidas eran el 45% y el equivalente en el hombre cercano al 10%.
La superioridad sexual del hombre (10 contra 45) estaba a salvo.

Aunque parezca increíble, hasta 1960 ni la medicina ni la psicología habían hablado **nunca** de orgasmo femenino. Y no se hablaba porque la fantasía era que no existía. El planteo subliminal era: ¿Para qué nos vamos a ocupar tanto del placer de la mujer si la mitad de las mujeres no siente nada?

En 1960, Masters & Johnson, por primera vez, hablan, estudian y escriben sobre el orgasmo femenino. Con el cambio del lugar de la mujer en el mundo y la tendencia a equiparar derechos civiles, laborales y sexuales, las mujeres no sólo se animaron a sentir lo que eran capaces de sentir, sino además (y estos son los cambios que se advierten en los informes) a decir lo que sentían.

Y la diferencia en los porcentajes comienza a achicarse.

En los '70 se demuestra que muchas de las mujeres caratuladas como frígidas en las estadísticas anteriores no son frígidas sino anorgásmicas, que no es lo mismo. Estas mujeres sí se excitan aunque no lleguen al orgasmo, y por ello en las nuevas estadísticas la cantidad de mujeres frígidas (incapaces de excitarse) baja rápidamente. Ya no son 45 de cada 100, sino solo 10 ó 12; el resto son anorgásmicas pero no frígidas.

Para agravar la hegemonía masculina aparece un dato adicional, un descubrimiento revolucionario. Se descubre que la eyaculación es una cosa y el orgasmo es otra.

Si bien el 30% de las mujeres es anorgásmica en los informes sexuales de los '70, el 30% de los hombres también lo es.

Y esto es una revolución. La idea de que cada eyaculación conlleva siempre un orgasmo se derrumba para siempre.

Esta es una grave herida para el narcisismo del hombre. Nosotros, que estábamos convencidos de no tener problemas con el orgasmo porque teníamos eyaculación, descubrimos que no era así. Por primera vez nos enteramos de que un orgasmo es mucho más que una eyaculación. Nos enteramos de que un hombre puede tener una eyaculación, dos, tres, cinco, veintiocho, treinta y cinco, ciento cuarenta y tres... Pero que un orgasmo es otra cosa.

Empezamos a ver que la respuesta orgásmica masculina es más o menos parecida a la respuesta orgásmica femenina. Que no hay muchas diferencias entre un orgasmo masculino y un orgasmo femenino desde el punto de vista de lo que sucede en el individuo como un todo.

Y si bien es cierto que la mayor parte de las veces el orgasmo coincide con la eyaculación, eso no quiere decir que cada vez que hay una eyaculación haya un orgasmo.

Sin embargo, todavía los porcentajes podían sostener el mito de la superioridad sexual masculina:

Como el 30% de anorgásmicos incluía el 10% de impotentes, y las mujeres sumaban un 45% de anorgásmicas, se seguía diciendo que éstas eran más incapaces de disfrutar que los hombres.

Cuando esto se publicó comenzó a suceder lo increíble. El cambio de planteo que la mujer tenía de su sexualidad, a partir del conocimiento de estos datos, le dio el permiso de animarse a disfrutar, y el 45% de mujeres anorgásmicas empezó a bajar hasta un 16%, porcentajes similares a los que encontramos entre los hombres (por lo menos en aquellos que están dispuestos a admitir la diferencia entre un orgasmo y una eyaculación).

Sabemos desde entonces que hay tantos anorgásmicos como anorgásmicas y, lo que es más halagador, hay tantas mujeres capaces de disfrutar un encuentro sexual como hombres con esa capacidad.

El orgasmo masculino no es sólo una excreción de líquido seminal con algunos espermatozoides, un poco de jugo prostático y una sensación de alivio transitorio. Un orgasmo es una respuesta global que tiene que ver con lo biológico, pero también con lo psíquico, lo psicológico y lo espiritual.

Un orgasmo es una respuesta física de todo el cuerpo frente a una expresión de placer tan intensa que provoca una transitoria pérdida de control.

El orgasmo es una expresión del cuerpo tan descontrolada, que en estudios encefalográficos realizados en personas que estaban manteniendo una relación sexual se ve que durante el orgasmo hay espinas irritativas de crisis seudo convulsivas que semejan una pequeña crisis epiléptica transitoria (esto es: aparece, se desarrolla y termina).

Repito: No hay orgasmo sin pérdida de control.

Entonces, cuando pensamos en relaciones sexuales donde todo está controladito, donde un señor y una señora terminan, él eyaculando y ella sintiéndose satisfecha, donde todo está muy aséptico y muy bien demarcado, sabemos que allí puede haber placer, pero ¿orgasmo? Orgasmo no.

El orgasmo necesariamente se cursa con descontrol. No hay ninguna posibilidad de que alguien tenga un orgasmo si todo está absolutamente bajo control.

Por alguna razón que yo en verdad desconozco, el Río de la Plata tiene el privilegio de tener un extraño culto al orgasmo. Los argentinos, sobre todo, y nuestros hermanos uruguayos también, tenemos una historia peculiar que va aún más allá.

Primero porque vivimos nuestra sexualidad como si de lo que se tratara fuera únicamente de conseguir el orgasmo.

¿Cuánto dura un orgasmo? ¿Diez segundos, quince, veinte, treinta con mucha suerte?

Pensar que lo único que vale la pena de la relación son los últimos treinta segundos, la verdad es que es una miseria. Pensar que toda la historia sexual es solamente para esos quince segundos es ser un miserable...

No puede ser así, y de verdad no lo es.

Si bien es cierto que —dicen los técnicos— una relación sexual tiene una duración promedio de veintiún minutos, en ese tiempo pueden y deberían pasar muchas cosas.

La sexualidad tiene que ver con <u>todas</u> esas cosas, y si bien una de ellas es el orgasmo, no es la única y posiblemente ni siquiera sea la más importante.

Habrá que aprender a recalificar el orgasmo y quitarle ese contexto tan cargado de mérito.

Porque los argentinos no sólo tenemos instalado el culto al orgasmo, sino que además hacemos de la cantidad de orgasmos la evaluación de la cantidad de placer obtenido.

Porque acá la cosa no es solamente si tuviste orgasmo. ¡Es cuántos! Se supone que cuanto más... ¡mejor!

Entonces, en la mesa del café, los hombres nos reunimos y hablamos sobre sexo...

—*No... porque yo, anoche...* —*dándose aires*—. *¡Tres!*

—*Yo me acuerdo la otra tarde...* —*dice el otro*—. *¡Cinco!*

—*Si es por eso, en un picnic...* —*dice un tercero*— *me eché ¡catorce!*

—*Qué tarados que son* —*dice el muchacho que sabe*—, *la historia no es uno, se trata de cuántos le sacás a ella... Porque mi mujer conmigo, por ejemplo, menos de tres... nunca.*

—*¡No!* —*dice el otro*— *si es por eso la mía, cuando yo uno, ¡ella seis!*

Y entonces, todos le preguntan al que guarda silencio:

—¿Y la tuya, Pepe?

—No, no, no, la mía... ¡es multiorgásmica!

¡Biónica! —piensa uno—.

Y llega a la casa fastidiado y acusándose: ¡¡Y yo qué hago casado con este pedazo de bofe!? ¡Multiorgásmica! ¡Que lo parió, soy un tarado! ¿Cómo no me avisaron antes para que yo supiera elegir una de esas? ¿Qué hay que hacer para conseguirla?

¡Multiorgásmica! Suena fantástico. Y empiezan a aparecer artículos en las revistas para mujeres (editadas por hombres) sobre "Cómo llegar a ser en la cama lo que todo hombre desea", el tantra del sexo en el matrimonio, los misterios del punto G y la dieta de la mujer insaciable.

Cuando pensamos la sexualidad desde el orgasmo todo es muy complicado. Primero que nada, porque de verdad no tiene esa importancia. Y segundo, porque se deriva en un tema puesto al servicio de una competencia entre los hombres que no tiene nada que ver con las mujeres con quienes estos hombres vienen de estar.

Cuando un hombre le pregunta a una mujer "cuántos", no es por ella, es para contarlo en el café, es para registrarlo ahí; no tiene que ver con lo que está pasando sexualmente entre ellos.

Y cuando pregunta si terminaste o no terminaste, es porque hay una amenaza para él, que ha sido entrenado pensando que para ser un macho viril, probado y exacerbado, tiene, primero, que haber tenido su correspondiente eyaculación, y luego dejarla a ella "dada vuelta" (como todo amante que se precie). Y este es el culto a la inseguridad masculina y no al verdadero encuentro con la mujer. Ningún hombre va a estar fácilmente dispuesto a admitir que esto es así, por mucho que lo diga yo.

Y cuando algunos hombres que no volverán a leer mis libros se sientan agredidos por mis ideas, van a decir:

"¿Qué sabe ese gordo idiota? ¡Seguro que es puto!"
Está todo bien, y yo entiendo.
Lo que digo es amenazante para nuestro ego narcisista.

Voy a ayudar a desmerecer al autor para tranquilizar a la barra.
Lo digo públicamente para que los hombres que me leen no se fastidien, yo mismo he evolucionado en mi rendimiento sexual. Con el tiempo he pasado del famoso "Dos sin llegar a sacarla" de mi adolescencia, al actual "Tres sin llegar a ponerla..."
Así que no se preocupen, no importa nada, ese soy yo.

En la historia de estar tan pendiente de la cantidad de orgasmos propios o del otro, uno se pierde lo que está pasando.

Pero esto no es lo peor. Tenemos un mito que es tan telúrico como el chimichurri o el dulce de leche: El mito del orgasmo simultáneo.

Si admitimos que el orgasmo es dejar de controlar, si lo mejor que me puede estar pasando en la cama con el otro es que yo esté gozando tanto como para perder el control, y eso es el orgasmo, cuéntenme cómo hicimos para descolgar la absurda idea del orgasmo simultáneo, la idea de que para que una relación sea buena, ventajosa y apropiada, ¡tenemos que terminar juntos!
Si el orgasmo es descontrol, ¿de dónde se saca la idea de que debemos terminar a la vez? Y además ¿cómo construyo la coincidencia?

Esta es una idea absurda y caprichosa, no tiene ningún sentido. Es como si mi esposa y yo decidiéramos un día ir a comer milanesas a un restaurante y por capricho se nos ocurriera que tenemos que comer el último bocado juntos. ¿Se entiende? Entonces nos traen las milanesas y las empezamos a comer mirando la milanesa del otro, a ver cuán rápido o cuán lentamente come para, a su vez, apurarnos un poco para comer a la par... Imagínense el diálogo:

—Estás comiendo un poco rápido.
—No, sos vos el que masticás demasiado.
—No, no, no... sos vos.
—Porque tu milanesa es más chica.
—No, la tuya era más grande.
—Esperá un poco, no te apures.
—Esperá que ahora me falta.
—Esperá que tomo agua...
—Dale, ahora sí.
—¿Estás lista?
—¡A la una... a las dos... y a las tres!

Y ¡pumba!, finalmente comemos el último bocado de milanesa, nos miramos y decimos: ¡¡¡Qué bárbaro!!! Y salimos a la calle orgullosos para decirle a la gente que comimos el último bocado de milanesa juntos...

¡A quién le interesa! Y además, ¡¡qué importancia puede tener?! Es peor que ridículo, porque no es gracioso.

Porque no es comer el último pedazo de milanesa juntos, es perder el control, es intentar controlar lo que, si sucede adecuadamente, es incontrolable.

La historia de los gemidos de la habitación de al lado en los hoteles baratos es significativa:

—Dale.
—Purate.
—No, pará un poqui... No, seguí.
—Perá...

—Daleeeee.

—No me apu...

—¿Tás?

—No, no, no.

—Sí, sí...

—Ahora vos.

—Ahora yo.

—¿Y?

—No, no, perá un cachito...

—Ay...

—¿Qué pasó?

—Se me escapó. ¡¡Qué pelotudo!!

¿Cuál es el fundamento de toda esta pavada?

Yo no tengo ninguna duda de que la sexualidad tiene que ver con el placer compartido; tengan la plena certeza de que es así.

Pero de ahí a creer que el placer compartido tiene que darse exactamente en el mismo instante geográfico, geométrico y planimétrico es una estupidez.

No vale la pena cancelar el placer del encuentro pensando en la coincidencia de llegar juntos al orgasmo.

Lo que importa es que entendamos para qué estamos ahí. Y seguro que no estamos ahí para tener un orgasmo en el mismo momento, ni siquiera para tener un orgasmo.

Puede ser que suceda, que estemos comiendo milanesas con mi esposa y los dos coincidamos en el último bocado, nos miremos y digamos: "Uy, mirá, comimos juntos el último bocado, qué lindo". Pero de ahí a tratar de que suceda...

(Y para darle un poco de humor al asunto, diría que si bien terminar juntos no tiene ninguna importancia, conviene que sea en el mismo día, eso sí. Es más, conviene estar juntos cuando suceda, y esto también es verdad.)

Tratar de controlar el descontrol del orgasmo es evitar el orgasmo.

Aquí sería importante hacer una salvedad. Postergar mi placer para obtener más placer, demorarme porque me da placer hacerlo, es una cosa, pero creer que ésta es mi obligación para que vos tengas tu orgasmo, es otra cosa, es quedarse anclado en el control. Y entonces sucede que cuando me podía descontrolar, ya no puedo hacerlo porque pasó el momento.

Cuando un hombre tiene un orgasmo de verdad, no un mero alivio del agua de las aceitunas, no quiere más... Entonces, el problema del orgasmo simultáneo es que si él se fue y vos te quedaste, ahora te quedaste sola. Y esto es triste. Pero yo me pregunto: ¿Por qué habrá que irse en ese momento? Digamos, podemos esperar tres o cuatro minutos y empezar de nuevo, ¿por qué no?

Si no terminamos al mismo tiempo, ¿por qué abandonar el encuentro ahí?

Si no terminamos juntos, será en la próxima, será en la que sigue o en lo que sigue, en todo lo que viene después. Habrá que esperar un ratito, mientras él está en el síndrome de las seis y media (vieron las agujas a las seis y media, ¿no?), pero nada más.

Diez minutos es el período refractario fisiológico, y después podés querer más o no, podés retomar el juego o no.

Alguien podría decir:

Pero ¿si uno tiene eyaculación precoz, cómo hace? Tiene que controlar...

¡Está en los libros! ¡Hay páginas y páginas de todo lo que hay que hacer para postergar la eyaculación! Desde pensar en tu jugador de fútbol favorito hasta meterse un dedo en el culo, desde mirar televisión hasta pensar en tu suegra, desde clavarte la uña en el lóbulo de la oreja hasta pedirle a tu mujer que te apriete un testículo... ¡¡¡Por favor!!! ¡Yo no lo puedo creer!

Un hombre que padece de eyaculación precoz ha sido intimado por su pareja a resolver su problema o....

Desesperado, el hombre consulta a un famoso sexólogo de la ciudad que ha adquirido fama por los éxitos obtenidos en pacientes con problemas como el suyo.

El médico lo examina, le hace preguntas, lo mira con un aparato de extraños rayos azules y luego le dice:

—Bueno, mi amigo. Buenas noticias, estamos en condiciones de curarlo de su problema.

—¿Sí doctor? Qué suerte, ¿qué tengo que hacer?

—Mire, el método es sencillo pero requiere de cierta paciencia para ejecutarlo.

—¿Qué quiere decir paciencia, doctor? ¿Cuánto tiempo voy a tardar hasta curarme?

—Mire, depende de cada paciente, pero yo diría que en quince días va a estar en condiciones de intentar una relación con su esposa.

—No, doctor... De ninguna manera, esto tiene que resolverse hoy mismo... mi esposa se va a divorciar si no lo soluciono.

—Mire señor, nunca he intentado el método con esa urgencia, pero si usted se anima a esforzarse y dedicarme el día, quizás esta noche pueda dar la nota.

—Lo que sea, doctor, lo que sea.

—Muy bien. Comencemos entonces. ¿Comida francesa, italiana o española?

—*No sé, doctor, ¿qué me dice?*

—*Elija, hombre. Usted decide...*

—*Bueno... no sé... italiana, doctor.*

—*Bien. Vamos.*

Médico y paciente salen de la consulta y se meten, guiados por aquél, en el restorán de Giusseppe, el de la esquina.

—*Se trata de esto. Usted debe aprenderse el menú de memoria.*

—*¿Cómo?*

—*Sí, sí. Primero tres o cuatro entradas, tres o cuatro platos principales y tres o cuatro postres...*

—*¿Y?*

—*Después de aprenderlos se los va a repetir mentalmente hasta que se transformen para usted en un mantra, en una frase automatizada...*

—*¿Y?*

—*Así hasta recordar todo el menú. Mis estudios demuestran que no hay nada más inhibitorio del orgasmo que pensar en comida. Así que cuando usted llegue a su cama para encontrarse con su mujer empezará a repetirse la lista de platos aprendida y entonces pospondrá su eyaculación.*

—*Maravilloso, doctor.*

—*Bien. Vamos a ver. ¿Qué primeros platos elige para empezar?*

—*Ehhh... Vitel toné... Ensalada Capresse... Muzzarella in carrozza... Pan de pizza...*

—*Muy bien, repita eso a ver.*

—*Vitel toné. Ensalada Capresse. Muzzarella in carrozza...*

—*¡Pan de pizza!*

—*Ah, sí, pan de pizza.*

—*Siga... ahora cuatro platos.*

—*Canelones alla Rossini... Lasagna.... Bagna Cauda... Lingüini putanesca...*

—*Repita, repita.*

—*Canelones. Lasagna. Bagna Cauda. Lingüini putanesca.*

—*Ahora todo hasta aquí. Vamos.*

—*Vitel toné. Ensalada Capresse. Muzzarella in carrozza.*
Pan de pizza. Canelones alla Rossini. Lasagna. Bagna Cauda.
Lingüini putanesca.

Así sigue la memorización durante horas y horas hasta que el pa-
ciente memoriza entera la carta del restorán, cerca de cincuenta
platos y más de doce postres.

El paciente, repitiendo su lista, se dirige al departamento.

—*Vitel toné. Ensalada Capresse. Muzzarella...*

Repitiendo la lista entra en su casa.

—*...Canelones alla Rossini. Lasagna. Bagna Cauda...*

Y al ver a la mujer le dice:

—*Vieja, vamos al dormitorio. El médico es un genio, estoy curado.*

La mujer y su marido entran en el cuarto y se tiran en la cama.
Ella se acuesta de espaldas boca arriba para recibirlo. El hombre
se planta frente a ella, se saca los calzoncillos y dice:

—*Vitel toné... Ensalaaaa... ¡Mozo! ¡Café y la cuenta!*

Me alegra mucho que nos podamos reír de esto, porque estas son
las miserias de nuestra cultura, lo que nos pasa, lo que hacemos. Es
siniestro pensar que así vivimos, creyendo estas barbaridades, cuando podríamos darnos cuenta de que no es así desde muchos lugares.

Sobre eyaculación precoz, Masters & Johnson tienen un
trabajo donde se preguntan algo maravilloso: ¿Qué es precoz? Rápido. ¿Cuánto es rápido? No se sabe. Y entonces
descubren que la eyaculación precoz es un fenómeno de
ciertos hombres con ciertas mujeres. Que no le pasa a un
hombre con todas las mujeres. De modo que definen la eyaculación precoz como una disfunción de la pareja, es decir,
del vínculo.

Entonces sucede que Juan es eyaculador precoz con María
pero no con Susana.

Que Patricia es frígida con Pedro pero no con Esteban.

Y que Alejandra, que no pudo tener un solo orgasmo con José, es un violín con Julio.

Y esto no es porque Julio y Esteban sepan más que Juan o Pedro. No es porque unos sean más expertos que otros, es porque los vínculos tienen más sintonía, es porque nos hemos encontrado y armonizado.

La química de la pareja es fundamental en este asunto. Porque hay hasta olores que nos vinculan, aspectos que ni siquiera podemos manejar. Uno llega a la cama con alguien, no le gusta el olor, se deshace el encanto y lo que tiene que pasar no pasa.

Y no digo que el otro esté sucio, es el olor del otro. Hay aspectos como el olor, el tacto, la sensación con la mirada... miles de cosas que pasan o que lamentablemente no pasan.

La sexualidad incluye mucho más que el contacto genital.

Pero cuidado, pensar que el sexo es un pito dentro de una vagina es una idea necia.

En el siglo XXI esto ya no puede ser cierto. No podemos pensar que nuestra sexualidad se corresponde con el contacto de dieciocho centímetros cuadrados de piel.

La sexualidad tiene que ver con muchas más cosas, no sólo con la penetración y la mera historia del orgasmo. Tiene que ver con una función fundamental relacionada no ya, por supuesto que no, con la procreación, sino con el contacto, el placer, la comunicación y el encuentro con el otro.

Pensar que el placer reside en quién acaba antes y quién después, pensar que el placer se define en si terminé o no terminé, es la historia de los tipos que se quejan porque creen que tienen el pito corto (95%). Y entonces uno se pregunta:

¿Corto como para qué? ¿Cuál es la idea de lo corto? ¿De qué se trata la fantasía de la virilidad relacionada con el tamaño del pito?

Hay dos órganos fundamentales, que son los que más intervienen en la sexualidad: la piel y el cerebro. Si bien es cierto que en una etapa hay una genitalización de la energía relacionada con la libido, esto es sólo en el momento preorgásmico. En el resto del tiempo habrá que ver cómo administramos toda la energía que nos sucede.

La excitación sexual es energía que se acumula y que circula por todo mi cuerpo. Tratar de focalizarla en los genitales, en una erección o en cierta humedad, me parece que es demasiado nimio. La sexualidad le sucede a todo mi yo.

Si no encontramos nuestra satisfacción, sería bueno ver qué nos pasa a nosotros. Porque existe una fantasía harto peligrosa desde el punto de vista formal: creer que el problema lo tiene solamente el otro.

El problema se coloca en el otro:
"Lo que pasa es que vos sos frígida"...
"Lo que pasa es que vos sos eyaculador precoz"...
Mi propuesta es colocar el problema en el desencuentro entre nosotros.

Seguimos juntos, buscamos, intentamos, probamos, pedimos ayuda, invitamos a alguien... En fin, lo decidimos juntos, pero no lo colocamos en el otro.

Sepamos aceptar que no es culpa de uno o del otro. Lo nuestro no está funcionando por alguna razón.

Dejemos de lado los dedos acusadores que apuntan al culpable del fracaso sexual.

Sería bueno ver qué es lo que está pasando entre nosotros con la eyaculación precoz, con la falta de excitación, con esta falta de lubricación tuya, con esta falta de erección mía, con esta falta de orgasmo que tenés o que tengo.

Hay que entender que estas disfunciones tienen que ver con nosotros dos, con lo que nos pasa, con un desencuentro entre nosotros. Porque la sexualidad siempre es algo compartido.

Y como las dificultades son compartidas, se solucionan compartidamente.

La sexualidad no consiste ni se define en el tamaño, en las dimensiones, en las estructuras, y tiene que ver, básicamente, con la actitud.

El mundo está plagado de historias de culos grandes y chicos, de dimensiones de pitos, de tetas prominentes o no, y de cosas que, en verdad, no se relacionan en nada con el encuentro sexual en sí mismo.

Deshagámonos del culto al orgasmo, del culto a la eyaculación con orgasmo, del culto al orgasmo simultáneo. Lleguemos a la cama solamente para disfrutar. Y si en este curso de disfrutar sucede una eyaculación, bien. Y si no sucede, no sucede.

¿Quién dice que para disfrutar hay que tener una eyaculación o un orgasmo?

El orgasmo es la irremediable consecuencia de haberla pasado bien en la cama, pero no el objetivo.

Hay que abandonar la idea de que la sexualidad es el pito parado. Creer que coger tiene que ver con la erección y la vagina lubricada es una idea mezquina. El placer de la sexualidad es mucho más que eso.

En una de mis charlas, un señor me dijo:

"Pero si alguien quiere serruchar durante una hora, no puede sin erección"...

Entonces, yo le contesté:

"Al que se siente mal porque quiere serruchar durante una hora y el pito no se le para, yo le diría: bajate de la idea de querer serruchar durante una hora y el pito se te va a parar durante una hora y media".

Nuestros órganos sexuales no responden a nuestra cabeza. Le decimos "parate" y no se para. Le decimos "ahora no te pares" y se para.

Un matrimonio está paseando por París en su luna de miel. Estando en Montmartre, ven un cartel que dice: "Tony, el macho latino". Interesados en ver de qué se trata, entran a ver el show.

Previsiblemente, Tony, un musculoso con cara de italiano, bigotes, un tipo muy hercúleo de unos treinta años, aparece en el escenario contoneándose y a los pocos minutos tiene una erección interesante. Delante de Tony hay un atril, y en el atril, una nuez. Tony se para frente al atril y con un movimiento pélvico logra partir la nuez. Todo el mundo aplaude... Ellos se sorprenden. Ella sale codeándolo, diciendo: "¿Viste, no?", y se van a su casa.

Pasan veinticinco años y vuelven a París. Cuando pasan por ese lugar de Montmartre, ven un cartel que dice: "Tony, el macho latino".

—¡Otra vez, no puede ser el mismo Tony! —dicen.

Entonces entran y aparece Tony, de unos sesenta años. Está musculoso todavía, pero un poco arrugadito, medio canoso, un poquito más fláccido. En el escenario ven un atril, y en el atril, un coco.

Los tipos se quedan helados. Tony se concentra y... ¡zaz! Una erección y ¡toc!, el coco cae partido por la mitad. El marido, desbordado, siente el orgullo de ser hombre y la envidia pertinente de que otro consiga lo que uno no puede. Entonces se acerca a Tony y le dice:

—Disculpe, ¿usted es el mismo Tony que estaba acá hace veinticinco años?

—*Sí.*

—*¡Pero es increíble! Nosotros lo vimos hace veinticinco años y partía una nuez, ¡y ahora un coco! ¿Cómo puede ser?*

Y Tony dice:

—*Y... la vista no da...*

Salvando las distancias, hay que descartar la pretensión de conseguir cosas programadamente. No hay por qué querer coger una hora, dos horas ni media hora. Me parece que hay que querer todo el tiempo que uno tenga ganas. Y en ese tiempo uno hará con lo que tiene lo que puede y hasta donde puede. Y en todo caso, esa será la sexualidad que uno puede en ese momento.

Esta es, para mí, la sexualidad sana.

El 95% de los hombres y las mujeres que tienen disfunciones sexuales (anorgasmia, eyaculación precoz, impotencia) tienen lo que se llama la anticipación del fracaso. Esto es, piensan que no van a poder y entonces después no pueden, piensan en lo que tendría que pasar y después no pasa. Gran parte de nuestro fracaso sexual depende de esto.

A partir de los estudios sexuales realizados desde los años '60 para acá, hoy sabemos que el 75% de los problemas sexuales se curan solos cuando el individuo cancela la expectativa de que tiene que ser diferente.

La mayoría de los terapeutas sexuales recetan a sus pacientes un ejercicio casi infalible:

Vayan a la cama, hagan de todo, pero no cojan.

Esto es: cancelen la exigencia de estar lubricado, erecto, firme, durando, etc. Y lo que sucederá será que bajará la expectativa y la sexualidad comenzará a funcionar de otra manera.

No puede elegir el que tiene una exigencia previa. Y el que tiene una exigencia previa tiene que aprender que su pito y su vagina no responden a su cabeza, que responden a la emoción, al sentir, al cuerpo y a la vivencia del encuentro.

Hay, por supuesto, algunas pocas razones físicas que podrían determinar una incapacidad de erección o de excitación, pero representan en conjunto el 2% de todas las consultas por disfunción. Los demás, la inmensa mayoría, llegan a este odioso lugar desde sus propios bloqueos personales.

Un tipo, que tenía una impotencia muy grave y una relación muy complicada con su mujer, empezó a ir a un médico que hacía hipnosis. Después de ocho sesiones, el tipo llega a la casa, le dice a la esposa que lo espere un minutito, va al baño y se encierra cinco minutos. Al rato sale hecho una furia... excitado, erotizado, traspirado, sudoroso, erecto. Se tira arriba de la mujer, le arranca la ropa con los dientes y le hace el amor espectacularmente.

Al día siguiente llega, se encierra otra vez en el baño cinco minutos, sale y otra vez se le tira encima, hace todas las posiciones, colgado de la lámpara, el salto del tigre... todo.

Al otro día otra vez: los números, las categorías, los animalitos, los personajes de la televisión, los dibujitos, ¡todo!

Pero siempre, antes de hacer el amor, se encierra en el baño. Entonces a ella le llama la atención: ¿Qué hará en el baño? ¿será una parte de su terapia?, se pregunta. Hasta que un día decide espiarlo...

El tipo entra, se mete en el baño y la mujer lo mira por el ojo de la cerradura. Entonces ve al tipo mirándose atentamente frente al espejo diciendo: "No es mi esposa... No es mi esposa... No es mi esposa..."

Una de las cosas que deserotiza a los hombres de un modo bastante complicado tiene que ver con cargar a su compañera el rótulo de esposa.

(Posiblemente un resabio de aquello de la puta y la madre, ¿se acuerdan?)

La sexualidad es tan importante en la vida que valdría la pena empezar a pensarla como un desafío. El desafío de la sexualidad plena.
¿Qué significa una sexualidad plena?

La relación sexual plena debería incluir por partes iguales ternura y erotismo.
A mí me gusta decir simbólicamente que habría que llegar a la cama con un ramo de flores y un video pornográfico. Esta sería la suma.

flores + video

Y como otras veces hago, permitime usar estas letras como iniciales de la conducta sexual que te deseo.

LA **F** VAMOS A USARLA PARA HABLAR DE LAS **FANTASÍAS**

Quizás no en vano esté la F al principio del planteo. Porque de una manera o de otra todo empieza con la fantasía. Pero al seguir en el tiempo estas fantasías se multiplican y generan lo que yo creo una de las distorsiones más graves de la sexualidad de la pareja. Por alguna razón estamos condicionados a no compartir nuestras fantasías, ni siquiera aquellas que incluyen a nuestra pareja. Y esto es un grave error. Nada mejor que un cuarto lleno de "ratones" para crear un clima de encuentro sexual. Uno de los ejercicios favoritos que receto a parejas con problemas es sentarlos en un café más o menos oscuro y susurrarse al oído las fantasías de cada uno. El resultado es siempre el mismo. La pareja viene sorprendida de las coincidencias y reprochándose no haberse animado antes a compartir. Contarte mis fantasías es un acto de entrega y una fuente de placer para el compañero que no hay que escatimar.

En una de mis charlas, una mujer me preguntó si era patológico incorporar la fantasía de un tercero cuando se te acaban las ideas. En todo caso, es patológico si uno de los dos no quiere. Pero aclaro, la fantasía de un tercero no tiene por qué llegar "porque se nos acabaron las ideas"; el tercero o la tercera, los cuartos y los quintos son solamente una fantasía más. Y tanto es así que la verdad, la mayor parte de las veces, ni siquiera hace falta traer verdaderamente a un tercero. Porque las fantasías no necesitan actuarse para disfrutarlas, las fantasías sexuales se disfrutan con sólo compartirlas con el otro. Muchísimas parejas fantasean con escenas que jamás actuarían y se excitan y lo disfrutan. No es una propuesta, forma parte del juego.

LA **L** ES DE **LUGARES**

Si uno quiere tener un vínculo creativo, hace falta ser capaz de cambiar lugares. Hay que animarse a buscar nuevos lugares. ¡Nuestros dormitorios son tan deserotizantes! Están diseñados para ver televisión, para comer, para jugar con los chicos, para escuchar la radio, para leer... para cualquier cosa menos para coger. Va a llegar un momento en que se volverá insoportable.

Hay que ir a los nuevos hoteles alojamiento y aprender cómo se hace un lugar para coger y armarse el dormitorio así. Valdría la pena. Las visitas se van a horrorizar un poco, pero uno va a pasar unas noches maravillosas. Y si no quieren hacer esto, bueno, empiecen a coger en otro lado; cojan en el living, cojan en el ascensor, en cualquier lado. No se puede coger siempre en el mismo lugar. Agrego, si no cambian de lugar, de hora o de posición van a terminar cambiando de partenaire. Créanme.

LA **O** ES PARA RECORDARTE QUE TE **OCUPES DE VOS**

Todos pensamos en la cosa de a dos, en el placer de dar placer. Y estoy de acuerdo. Sin embargo, la gente que sabe dice que esto ha cambiado.

Hubo un tiempo en que la mujer estaba en función de darle placer al hombre, luego el hombre creyó que su función sexual era darle placer a la mujer. Hoy sabemos que la función sexual de cada uno en la cama es exactamente la misma: disfrutar uno. Y que estamos allí, primero, para conectarnos con nuestro propio placer, y segundo, para dar placer al otro, cuando eso me dé placer. Estoy allí, primero, para ocuparme de mí mismo, para hacer las cosas que a mí me dan placer, aunque vos también las sientas. No estoy para dar placer aunque algo me resulte desagradable, porque esto sería no ocuparme de mí mismo.

LA **R** ES DE **ROMANTICISMO**

Aquí reside el punto concreto de la ternura. No dejar que la lujuria me distraiga de animarme a ser romántico, y a la vez, no dejar que el romanticismo me distraiga de la exploración. Ser romántico en la cama es no olvidarse que el amor quizás ronde la alcoba mientras disfrutamos del sexo. Y si es así, qué mejor que poner en un gesto, en una palabra, en un cuidado, lo que siento.

SIGUE LA **E** DE **EXPLORACIÓN**

Exploración es creatividad. Por ejemplo, ¿cuántas veces se puede coger con la esposa de uno los sábados a las cinco y media, en el mismo lugar, en la misma cama, con la misma luz y en la misma situación? No sólo cambiar de lugares, quizás cambiar de ideas, entornos, situaciones, marcos, formas, posiciones, horas.

El explorador occidental llega a la India. Entra en un templo tántrico y ve en las paredes escrito por todos lados el número 85. Un montón de monjes recorren el lugar cantando una canción que dice: "85... 85... 85...". El explorador pregunta:

—¿De qué se trata?

El que parece más anciano de los monjes le dice:

—85 son las posiciones para hacer el amor descriptas en el Kama-Sutra.

El explorador exclama sorprendido:

—¡¿85?! Pensar que yo conozco solo una: el hombre arriba y la mujer abajo.

Los monjes lo miran sorprendidos y siguen recorriendo el templo al grito de:

—¡86... 86... 86...!

Habrá que animarse a buscar nuevas maneras. Si yo vengo cogiendo con mi mujer los sábados a las cinco y media, yo arriba y ella abajo, si no soy capaz de cambiar de hora y no soy capaz de cambiar de pose, de cama y de día, voy a terminar cambiando de mujer.

Escribile a tu pareja qué cosa te gustaría hacerle la próxima vez e imaginate qué quisiera hacerte ella. Pedile que te escriba una nota similar.

Si descubren que había cosas que no sabían, vean qué cosas pueden comprometerse a hacer por el otro disfrutándolo ustedes también.

LA S DE FLORES ES LA DE LOS **SENTIDOS**

Y este es un punto substancial: no limitarme a la percepción de un solo sentido. No pensar que la sexualidad se reduce al contacto genital, y mucho menos al contacto de piel a piel. En la vida sexual hay que usar los cinco sentidos: hay que poder oler, hay que poder gustar, hay que poder oír, hay que poder ver y hay que poder tocar. Hay que animarse a coger, con todos los sentidos en función de coger. Porque cuando se coge, lo que pasa es lo más importante que podría pasar.

LA **V** DE VIDEO ES PARA RECORDAR **VACIARSE DEL AFUERA**

Cuando uno llega a la cama (o a la terraza, o a la cocina) el abc del comienzo es dejar afuera lo de afuera. No se puede coger pensando en lo que pasó en el trabajo, en lo cara que está la cebolla, en la discusión que tuve con la mucama o en la pelea con el señor de enfrente. Y si a priori sé que no voy a poder vaciarme del afuera, entonces, bueno sería no tener sexo ese día.

AL LLEGAR A LA **I** TE INVITO A VOLVERTE **IRRACIONAL**

Tengo que ser tan intuitivo y tan vivencial como para animarme de verdad a ser imaginativamente irracional. Esto quiere decir: ser capaz de llevar mis fantasías a puntos irracionales de mi imaginación, no ser tan atado, animarme a ser un poco loco en esto de imaginar cosas junto con vos.

Cuentan que Dios le dijo un día a Adán:

—Adán, tengo una buena y una mala noticia para darte.

—¿Cuál es la buena?

—La buena es que voy a regalarte dos nuevos órganos para incluir en tu cuerpo.

—Muchas gracias, ¿de qué se trata?

—El primero es un cerebro pensante, que pondré en tu cabeza. Te servirá para razonar, para calcular y para resolver cualquier problema que tengas.

—¡Uy, qué bien! ¿Y el segundo?

—El segundo es un pene, que colgaré entre tus piernas. Ese te pemitirá momentos de placer exquisitos y encuentros espectaculares con Eva.

—Muchas gracias, mi Señor, realmente creo que voy a hacer un muy buen uso de estos dos regalos. ¿Cuál es la mala noticia?

—La mala noticia es que no vas a poder usar los dos al mismo tiempo.

LA **D** ES **DIVERSIÓN**

Este concepto es para mí fundamental. ¡El sexo tiene que ser divertido! ¡No puede ser un rito serio y formal! Si el rito es una cosa seria, algo no está funcionando bien. El sexo está para que disfrutemos, pero también para que la pasemos bien, para divertirnos. En dos sentidos: el humor, el estado de ánimo, y en cuanto a que sea diverso, diferente cada vez.

LA PENÚLTIMA LETRA, LA **E**, ES PARA RECORDARTE QUE **EXPRESES TU SENTIR**

Expresarme es además gemir, gritar, gruñir, llorar, reír, tentarme, hablar. Expresarme significa no frenar las historias. Si hoy no podemos coger porque los chicos están despiertos y sólo podríamos coger en silencio, entonces... cojamos otro día. Si no va a haber lugar para expresar mis emociones, vayamos a coger a otro lado. Salvo que esto sea parte del juego.

LA ÚLTIMA REFIERE EL PUNTO MÁS IMPORTANTE: **OLVÍDESE DEL ORGASMO**

Si yo puedo compartir mis fantasías, puedo ir cambiando de lugares, puedo ocuparme de mí, puedo obtener espacio para el romanticismo, explorar, ser creativo, usar todos los sentidos, vaciarme del afuera, ser irracionalmente imaginativo, divertirme y animarme a expresar mis sentimientos, me queda un solo desafío: olvidarme del orgasmo.

Si quieren disfrutar de su sexualidad, olvídense del orgasmo.

Dejen que pase cuando pase, pero olvídense mientras están allí. El orgasmo está muy lejos de ser lo más importante e imprescindible. Precisamente porque consiste en el descontrol, hay que dejar que el orgasmo sea y no focalizarse en que pase.

F	FANTASÍAS PARA COMPARTIR
L	LUGARES PARA CAMBIAR
O	OCUPARSE DE UNO
R	ROMANTICISMO PRESENTE
E	EXPLORAR EL ENCUENTRO
S	SENTIDOS PARA INCLUIR
+	
V	VACIARSE DEL AFUERA
I	IRRACIONALIDAD SUPREMA
D	DIVERSIÓN IMPRESCINDIBLE
E	EXPRESIÓN DEL SENTIR
O	OLVIDARSE DEL ORGASMO

Según los orientales, el sexo es la máxima expresión de la iluminación.

La iluminación es enunciada por los místicos como la disolución del yo. Esto es: ser un todo con el otro. Durante ese instante donde yo pierdo el control, por un momento dejo de ser yo y puedo conseguir la fantasía de fundirme con el otro.

Fundirse con el otro es el deseo supremo del amor.

La mente vacía de pensamientos, el éxtasis de la aceptación del otro, la ausencia de expectativas y de memoria y la entrega total al presente son los hitos del camino que lleva al sexo como iluminación.

Si fuéramos capaces de llegar a esta vivencia, aunque sea de vez en cuando...

Yo no creo que todas las relaciones sexuales sean gloriosas y magníficentes, ni que en todas se pueda llegar a la disolución del yo. Por eso digo: ojalá que podamos muchas veces.

Quiero decir, por lo menos de vez en cuando hay que desacondicionarse, dejar de controlar, entregarse...

Pero surge la pregunta, hasta dónde. ¿No será peligroso tanto descontrol, no hay peligro de caer en la perversión?

En todo caso habría que determinar, primero, qué es lo perverso y qué no lo es.

Habrá que animarse entonces a saber quién soy, qué elijo, qué me gusta y qué voy a hacer con ello. Empezar a pensar qué estamos haciendo nosotros para mejorar nuestros problemas de anorgasmia, eyaculación precoz, impotencia, frigidez...

Hay personas que no están satisfechas con su vida sexual pero que no están dispuestas a hacer nada al respecto. Hay que entender que nuestra sexualidad es muy importante.

Los argentinos somos un poco pacatos, aprensivos, fifís con la sexualidad.

Cuentan en España que un señor se encuentra con una mujer hermosa en un bar y la invita a pasar la noche. Tienen una velada de sexo y lujuria espectacular y a la mañana siguiente mantienen este diálogo:

Si ella es americana, dice: "Very good..."

Si ella es italiana, dice: "Faciamo l'otra volta..."

Si ella es española, dice: "Zi me llegaz a dejarr deshpuéz de eshto... te mataré."

Y si ella es argentina, dice: "¡Ay... qué pensará usted de mí!"

Esto habla de nosotros, de nuestra idea vergonzante de la sexualidad, que es producto de una educación mezquina respecto de nuestra libertad sexual.

Porque la sexualidad tiene mucho que ver con la libertad personal.

Ser libre es elegir con quién, cuánto, cómo, dónde.

HETEROSEXUALES, HOMOSEXUALES O BISEXUALES. MASTURBACIÓN

Nosotros no somos heterosexuales, homosexuales o bisexuales. Somos sexuales. Tenemos una sexualidad que es energía interna que pugna por expresarse. No es casual que los vínculos homosexuales aumenten en poblaciones donde hay sólo hombres o sólo mujeres, como en las cárceles, los hospitales, barcos, instituciones psiquiátricas, etc. Porque esta energía sexual que se acumula como la carga de una batería, tiene que actuarse desde algún lugar. Y posiblemente, si estoy solo, la masturbación sea la mejor conducta sexual a la que puedo acceder. Llegado el caso que por alguna razón yo no pudiera tener vida sexual, es más sano masturbarse que sublimar la sexualidad transformándola en exceso de trabajo, por decir una transformación usual.

Potencialmente, si consideramos al hombre como sexual, ni homo, ni hetero ni bi, alguien que puede aceptar la bisexualidad como parte de su identidad, puede entonces elegir lo que quiere. A mí me parece tan patológico un homosexual que dice que no resiste la fantasía de acostarse con una mujer, como un heterosexual que vive cuidándose de que un tipo no se le acerque. Yo conozco muchos tipos que están en una relación sexual con una mujer que quieren, y cuando ella les acaricia la espalda y llega hasta el culo, gritan: ¡¡No me toques el culo, eh, qué te creés, que soy puto yo!! Y la mina dice: ¿Qué pasó?

Y yo también me pregunto: ¿Qué pasó?

Y digo: pasó que se asustó.

La erogenización que producen las zonas genitales, incluido el ano, es para los dos sexos igual. Habrá zonas más erógenas para cada uno de nosotros, pero pensar que no puedo permitir que alguien me roce debe esconder algo...

Algo debe pasar con los tipos que obsesivamente creen que el coito anal les da más placer que el coito vaginal. Me parece que alguna connotación tiene... En algunos casos esta es la expresión de un conflicto homosexual bastante mal resuelto. Para llegar a la heterosexualidad, sin hablar de si la homosexualidad es o no un tránsito, hay que tener resueltos estos conflictos homosexuales, cosa que, en general, las mujeres tienen mejor resuelta que los hombres.

La razón es que el primer objeto amoroso de una mujer es su mamá, como en el caso del hombre.

El hombre comienza su sexualidad en la vida con un vínculo heterosexual y quizás continúe en forma consciente con un vínculo heterosexual por el resto de su vida.

La mujer, que establece como primera medida un vínculo homosexual, tiene que dejarlo para llegar después al vínculo heterosexual. Esto implica un trabajo.

Cuando una mujer es heterosexual ha pasado de un vínculo a otro. Quizás por eso los homosexuales sean más varones que mujeres. Y quizás por eso los hombres necesiten negar el componente homosexual, porque es sentido como poco masculino.

No hay conciencia de que la elección sexual no amenaza la condición de varón o la virilidad.

Ser homosexual no significa ser femenino. La mariconada tiene que ver con una pérdida de identidad. Una mujer homosexual no tiene por qué ser un camionero y un hombre homosexual no tiene por qué ser afeminado.

Maricón, homosexual y puto son tres cosas totalmente diferentes y no necesariamente tienen relación entre sí. No todos los afeminados son homosexuales, no todos los homosexuales son putos y no todos los putos son maricas.

Hay que aprender a diferenciar para aprender quién es uno, después de todo...

Si mi libertad es, como digo yo, mi capacidad de elegir cuando tengo opción, entonces...

Ser libre es poder encontrarme para ver qué es lo que voy a hacer en la cama o qué es lo que no voy a hacer en la cama.

El significado de la sexualidad ha cambiado. Hace cincuenta años, nuestra educación nos decía que el hombre tenía que debutar, aprender, entrenarse y hacerse maestro del acto sexual para luego enseñarle a su mujer, asexuada totalmente hasta ese momento. Y así las mujeres se quedaban más o menos asexuadas toda su vida, teniendo como maestro a alguien que en general no había aprendido mucho pero que decía que era el que sabía.

Por suerte y por lucha esto no existe más.

Primero, porque las mujeres saben que no tienen por qué esperar a sus hombres para aprender de ellos.

Segundo, porque los hombres ya sabemos que no aprendimos tanto.

Y tercero, porque ya no hay ninguna duda de que el único lugar donde se puede aprender es en la cama. Y por lo tanto, si un hombre quiere aprender, va a tener que aprender de una mujer.

La historia de que los hombres les tienen que enseñar a las mujeres es un mito y por supuesto machista.

Podés aprender algunas cosas por vos mismo, de la exploración, pero no mucho estando solo. El otro, por intuición y por experiencia, es el que enseña. Así aprendemos, para alguna vez enseñar.

Lo que en un vínculo resulta maravilloso, puede no ser tan maravilloso en otro vínculo.

Habrá que darse tiempo para este aprendizaje. Y para eso hace falta estar comprometido con el otro.

POCAS PALABRAS ACERCA DEL DESEO

Si la sexualidad funciona como un trámite, estamos en problemas.

Hay una sola razón para tener sexo: el deseo. No puedo llegar a la cama porque estoy aburrido, porque no tengo otra cosa para hacer, porque estoy muy tenso, porque hay que cumplir para que no te vayas a coger con otra o con otro, para no masturbarme...

La única buena razón para llegar a la cama con alguien es sentir el deseo de ir a la cama con ese alguien.

Además porque no hay nada más erotizante que sentirme deseado por el que está a mi lado. Sea yo varón o mujer, nada me excita más que sentir que aquel que yo deseo me desea.

De alguna forma es un misterio... porque si lo que me excita es que vos estés caliente conmigo y lo que te excita a vos es que yo esté caliente contigo, ¿cómo fue que empezamos?

A veces empieza porque te veo y me surge el deseo. Te espero y me ratoneo. Soñé con vos y te voy a buscar... Pero muchísimas veces empieza afuera, antes de que nos veamos. Empieza con la calentura que surge en mí a partir de otras cosas que pasan en el afuera y que no son vos.

"Eh... No, doctor ¿me está diciendo que me caliente con el aviso donde está la mina con las tetas y que después llegue a mi casa pensando que me voy a coger a mi mujer? Eso es un asco..."

Así es. Si quieren pensar que es un asco, piénsenlo. Pero es así. Me erotizo con lo que pasa afuera y es ese erotismo justamente el que importo a la relación y el que genera el deseo.

Si les molesta importar excitación a su pareja no lo hagan, serán muy felices y cogerán menos.

Nada es igual que el deseo del que deseo. Este es el gran afrodisíaco, sobre todo en la pareja. Por eso es tan importante sentirlo y que se note.

Cuentan que una mujer llega a un consultorio médico porque tenía tortícolis. Entra con el cuello torcido, el médico la revisa, le hace una radiografía, no encuentra lesiones anatómicas y le dice:

—¿Hace mucho que lo tiene?

—No... —dice la mujer—, hace unos doce o quince años.

—¿Y usted a qué se dedica?

—Bueno, trabajo en una oficina, hago las cosas de la casa...

—¿Y tuvo algún golpe?

—No, nunca.

El médico piensa, no sabe qué preguntar...

—¿La alimentación?

—Normal, como todo sin problema.

—¿Algún deporte violento?

—No, nada. Juego a las cartas.
Como el médico ya no sabe qué preguntar, le dice:
—¿Vida sexual?
—Normal, dos o tres veces por semana... él arriba y yo abajo... normal.
—Bueno, él arriba y usted abajo o al revés.
—¿Está loco? ¿Cómo veo la tele?

Si uno no es capaz de estar realmente comprometido con lo que está pasando, la posibilidad de disfrutar del vínculo sexual no existe.

En una encuesta realizada para el último informe Hite, los encuestados contestaron a esta pregunta: ¿Cuál es la frecuencia sexual máxima y mínima que usted consideraría normal? Las respuestas van desde un máximo de una vez por día hasta un mínimo de una vez cada quince días. Cualquier frecuencia entre estos dos extremos es considerada normal por la sexología. (Una frecuencia menor como promedio no es anormal ni patológica, pero es poco. Una frecuencia mayor como promedio tampoco es anormal, pero es mentira...).

Dos veces por semana es lo que el 70% de las parejas estables encuestadas refieren como su frecuencia habitual.

En la Argentina, el ritmo según las mujeres es entre una y dos veces por semana y según los hombres tres o cuatro por semana. Esto genera dudas sobre la conducta fiel o infiel de los señores o sobre la necesidad de los hombres de decir que cogemos más porque nuestra educación nos dice que entonces somos más hombres.

Se trata del mito de que los hombres estamos siempre listos, lo cual, obviamente, no es cierto.

Si queremos hacer algo por la sexualidad de todos, habría que:

Insistir en que los padres reciban educación sexual para poder transmitirla. El aprendizaje empieza desde la cuna.

Evitar censurarnos. La censura en el encuentro sexual es perniciosa. Hay que trabajar con nuestra libertad y con lo que yo llamo autonomía, la capacidad para imponernos nuestras propias normas.

Revalorizar la sexualidad hasta conseguir que recupere el enorme valor que tiene.

Si tratamos de reprimir la conexión con nuestro deseo, cada vez somos más esclavos de él.

En la medida que dejemos ser a nuestro deseo; en la medida que asumamos nuestra sexualidad como parte de nosotros y no nos avergoncemos de ello; en la medida que aceptemos nuestras inquietudes, nuestras fantasías y nuestro encuentro sexual con la persona que nosotros decidamos; en la medida que podamos vivir esta historia con libertad, sin frenar y sin reprimir, nuestra sexualidad se va a volver más libre y vamos a poder dejar de pensar en ella.

La metáfora que dan algunos iluminados es que uno puede mantener la mano abierta toda su vida, pero cerrada... apenas un rato. Tarde o temprano, después de tener la mano cerrada, vas a tener que aflojar.

Manteniendo abierta nuestra conducta sexual podremos tener una sexualidad más sana, más placentera y, sobre todo, podremos mejorar nuestra capacidad de entrega.

Si ocultamos, reprimimos y escondemos nuestro deseo, en algún momento éste explotará, se volverá pernicioso y terminaremos haciendo cosas dañinas para los demás.

¿Qué es normal y qué es anormal? ¿Cuál es el límite entre lo que se puede y lo que no se puede? ¿Qué está bien y qué está mal? ¿Cuál es el límite entre lo normal y lo patológico? ¿Qué cosa es sana y qué cosa enferma?

Yo creo que si los dos están de acuerdo y disfrutan de lo que está pasando, sin involucrar a quien no quiere involucrarse, nada, repito, nada es anormal.

Palinuro de Méjico (fragmento)

Ella y yo hacíamos el amor diariamente.
En otras palabras,
los lunes, los martes y los miércoles
hacíamos el amor invariablemente...
Los jueves, los viernes y los sábados,
hacíamos el amor igualmente...
Por último los domingos
hacíamos el amor religiosamente.
Hacíamos el amor compulsivamente.
Lo hacíamos deliberadamente.
Lo hacíamos espontáneamente.
Hacíamos el amor por compatibilidad de caracteres,
por favor, por supuesto, por teléfono,
de primera intención y en última instancia,
por no dejar y por si acaso,
como primera medida y como último recurso.
Hicimos el amor por ósmosis y por simbiosis:
Y a eso le llamábamos hacer el amor científicamente.
Pero también hicimos el amor yo a ella y ella a mí:
es decir, recíprocamente.
Y cuando ella se quedaba a la mitad de un orgasmo

y yo, con el miembro convertido en un músculo fláccido no podía llenarla,
entonces hacíamos el amor lastimosamente.
Lo cual no tiene nada que ver con las veces en que yo me
imaginaba que no iba a poder, y no podía,
y ella pensaba que no iba a sentir, y no sentía,
o bien estábamos tan cansados y tan preocupados que ninguno de
los dos alcanzaba el orgasmo.
Decíamos, entonces,
que habíamos hecho el amor aproximadamente.
O bien a Estefanía le daba por recordar las ardillas que el tío
Esteban le trajo de Wisconsin
que daban vueltas como locas en sus jaulas olorosas a creolina,
y yo por mi parte recordaba la sala de la casa de los abuelos,
con sus sillas vienesas y sus macetas de rosas,
esperando la eclosión de las cuatro de la tarde...
así era como hacíamos el amor nostálgicamente,
viniéndonos mientras nos íbamos tras viejos recuerdos.
Muchas veces hicimos el amor contra natura,
a favor de natura,
ignorando a natura.
O de noche con la luz encendida,
o de día con los ojos cerrados.
O con el cuerpo limpio y la conciencia sucia.
O viceversa.
Contentos, felices, dolientes, amargados.
Con remordimientos y sin sentido.
Con sueño y con frío.
Y cuando estábamos conscientes de lo absurdo de la vida,
y de que un día nos olvidaríamos el uno del otro,
entonces hacíamos el amor inútilmente.
Para envidia de nuestros amigos y enemigos,
hacíamos el amor ilimitadamente, magistralmente, legendariamente.

Para honra de nuestros padres, hacíamos el amor moralmente.
Para escándalo de la sociedad, hacíamos el amor ilegalmente.
Para alegría de los psiquiatras, hacíamos el amor sintomáticamente.
Hacíamos el amor físicamente,
de pie y cantando,
de rodillas y rezando,
acostados y soñando.
Y sobre todo,
y por la simple razón
de que yo lo quería así
Y ella también,
        hacíamos el amor...
                voluntariamente.

Fernando del Paso

Hay otro sendero unos metros a mi derecha. Alguien con quien me encontré me hizo notar su presencia, corre paralelo a éste pero está bastante más arriba. Parece hermoso. Si me tomara el trabajo de llegar hasta allí podría ver algunas cosas que desde donde estoy no se alcanzan a distinguir (siempre se ve más allá desde un lugar más alto). Me doy cuenta de que escalar no sería una tarea fácil y que aun después de llegar, caminando a esa altura podría caerme y lastimarme. También me doy cuenta de que no estoy obligado a hacerlo.

Sin embargo me invaden dos emociones, por un lado me frena la sensación del absurdo esfuerzo inútil, ya que mirándolo desde aquí parecería que los dos caminos llegan al mismo lugar, por otro me anima, misteriosamente, la intuición de que solo lograré completarme si me atrevo a transitar el camino elevado. ¿Qué hacer?

Desde hace más de medio siglo la sociedad parece estar enseñando que la pareja es necesariamente una especie de antesala del matrimonio, éste un pasaporte a la familia y aquélla la garantía de hospedaje eterno (hasta que la muerte los separe) en una especie de sofisticado centro de reclusión al que deberíamos ansiar entrar como si fuera la suprema liberación.

El mecanismo propuesto opera así: Uno escoge una pareja, se pone de novio, acuerda una fecha de casamiento, participa de la tal ceremonia e ingresa con su cónyuge en una especie de prisión llamada con cierta ironía el "nidito de amor". Llegados ahí, uno le echa el primer vistazo sincero al compañero de cuarto. Si le agrada lo que ve, se queda allí. Si no es así, empieza a planear su escape de prisión para salir a buscar otra pareja, rogando tener mejor suerte o reclamando ayuda para aprender a elegir mejor.

La solución del problema de la insatisfacción en la vida de parejas desdichadas, planteada modernamente por la sociedad que supimos construir, es separarse, comenzar otra vez con otra persona mejor para uno. En otras palabras, para el 80% de todas las parejas, y el 50% de los matrimonios, que la pareja haya fracasado es la consecuencia de la incapacidad de cada uno para elegir la persona adecuada.

En la Argentina siempre nos jactamos de ser capaces de encontrarle un problema a cada solución. El problema que aporta esta solución es que el cambio de destino carcelario es siempre muy doloroso. Hay que repartir los bienes, los males, los hijos y los regalos; hay que pasar por el dolor de abandonar los sueños; hay que soportar perder los lugares y abandonar a algunos amigos; y como si esto fuera poco, hay que vivir con el residuo de miedo a la intimidad y con la desconfianza de que las siguientes relaciones también puedan fallar. Ni qué hablar del daño emocional a los otros habitantes del nido, si los hay. Los hijos, que muchas veces se imaginan que son de alguna forma responsables de esa ruptura y otras son arrastrados a permanecer en el lugar de trofeos disputados, terminarán preguntándose, de cara a su propio dolor, si valdrá la pena transitar el proyecto de construir una familia.

Planteado así, el único antídoto para todo este dolor parece ser lamentable: permanecer prisionero, cerrar la puerta con llave, abrir una pequeña ventana por donde espiar la vida y conformarse con mejorar un poco la relación matrimonial durante el resto de nuestra existencia, deseando secretamente que no sea demasiado larga. En el mientras tanto se supone que uno aprende a sobrevivir en un matrimonio hueco, a llenarse de comida, de alcohol, de drogas, de trabajo, de televisión o de fantasías de infidelidad.

¿HAY OTRA POSIBILIDAD?

Existe un enfoque de las relaciones amorosas más alentador y, a mi modo de ver, más preciso.

La pareja no es un estado inmutable de dos personas que no cambian. Es más bien un viaje por un camino elevado psicológica y espiritualmente que comienza con la pasión del enamoramiento, vaga a través del escarpado trecho de descubrirse y culmina en la creación de una unión íntima, divertida y trascendente, capaz de renovarse en la reelección mutua, una y otra vez, durante toda la vida.

La construcción de un vínculo de este tipo no se apoya en la habilidad para poder conquistar al compañero o a la compañera perfecta ni en la suerte de cruzarse algún día con la persona ideal, sino en el darse cuenta definitivamente de que:

> **La creencia heredada del mito del amor como prisión es falsa.**

La pareja no es una prisión, ni un lugar donde engancharse o quedarse atrapado, sino un camino del desarrollo de ambos. Un camino elevado y quizás riesgoso. Pero sin duda uno de los más hermosos y nutritivos caminos que se pueden escoger.

Redefinir la pareja significa hablar sobre amor y esto implica saber de qué cosas hablamos cuando hablamos de ese sentimiento en un vínculo tan especial como es el que se entabla entre un hombre y una mujer que planean seguir juntos el camino.

Este amor es, como está dicho, un sentimiento idéntico a los otros amores y, como propuse muchas páginas atrás, se define como el genuino interés por el bienestar del otro.

En la ensalada de la pareja, sin embargo, lo vertical de mi capacidad de amar se entrelaza con lo horizontal de mi deseo.

Uno podría analizar el tema de esa mezcla desde múltiples lugares, podríamos por ejemplo hablar de este amor romántico pensando sólo en un paisaje hermoso, al lado de la persona amada, mirando el mar o las estrellas y tomados de la mano, aunque si nos pusiéramos demasiado poéticos no nos quedarían demasiadas ganas de seguir hablando.

Así que intentemos llegar a un acuerdo desde un lugar más reflexivo, empezando por preguntarnos qué significa y qué alcances tiene esta atracción hacia otra persona.

EL MISTERIO DE LA ATRACCIÓN ROMÁNTICA

La idea del amor romántico surgió de un eco filosófico tanto platónico como aristotélico literariamente derivado del poeta romano Ovidio y su *Ars Amatoria*. Nótese que en la antigua Grecia la mujer estaba destinada a las tareas del hogar y al servicio del hombre, y por lo tanto no existía el respeto o sentimiento de consideración para con ella (recordemos que la Atenas de entonces no carecía en este sentido de sus propias contradicciones. Por un lado se ufanaban de la ateniense igualdad de derechos para todos los ciudadanos de la *polis*, y por otro determinaban autoritariamente que los esclavos, los extranjeros y las mujeres no tenían ese privilegio simplemente porque no eran ciudadanos). El griego practicaba entonces el amor de sí o el amor a la idea. Amaba la belleza de hombres y mujeres, pero no a esos hombres y a esas mujeres.

El amor medieval, en cambio, era motivado por un respeto profundo hacia la dama, por ejemplo, pero no debía ser consumado. Era etéreo y trascendental y activamente alimentado por actos de caballerosidad y galantería, en absoluto contraste con la tradicional persecución acosadora de los apasionados amantes enamorados.

Mas contemporáneamente asistimos a posturas encontradas con lo que los sentidos nos dicen sobre nuestro interior. El determinismo físico cree que el mundo se puede medir y determinar y por ende cada acontecimiento es la consecuencia de los componentes biológicos de la química del cuerpo humano. Por este mismo camino, los genetistas invocan la teoría de los genes que forman los criterios determinantes en lo sexual o en el tipo de elección romántica. Algunos neurobiologistas reducen todos los exámenes del amor a la motivación fisicoquímica del impulso sexual.

Muchos conductistas dicen que el amor no es otra cosa que una respuesta emocional frente a otro por quien se siente físicamente atraído, y que por ello la acción de amar abarca gran parte del comportamiento, inclusive cuidar, escuchar, ocuparse de alguien, preferir a otros.

El expresionista considera el amor como la manifestación de un estado interno hacia el amado que, no importa cómo se manifieste (palabras, poesía, regalos, presencia, cuidados), tendrá como finalidad el alivio catártico del enamorado. El placer es poner en acción mi sentimiento más allá del otro.

TEORÍA DE LA PRESERVACIÓN DE LA ESPECIE

Últimamente, siguiendo el estilo de cómo se encaran las nuevas investigaciones, científicos de varias disciplinas han estado trabajando convergentemente para profundizar nuestro entendimiento del amor en la pareja, y de cada área de investigación se han derivado valiosos conocimientos. Los biólogos aportaron que hay una cierta "lógica" relacionada con la elección de pareja. Los hombres se sienten naturalmente atraídos por mujeres jóvenes, de piel suave, ojos brillantes, cabello brilloso, buena estructura ósea, labios rojos, mejillas rosadas y senos turgentes, no en razón de lo que está de moda sino porque estas características indican una buena salud y buen nivel hormonal, signos de que una mujer se encuentra en el mejor momento para procrear. Las mujeres escogen a su pareja desde otros lugares. Como la juventud y la salud física no son esenciales para la función reproductiva masculina, las mujeres instintivamente prefieren parejas con características de asertividad manifiesta, la capacidad para dominar, la resistencia emocional, y sus habilidades económicas. La suposición es que estas son las garantías de la supervivencia del grupo familiar.

Sin embargo, aunque los factores biológicos desempeñan un papel clave en nuestros intentos amorosos, el amor debería ser más que esto.

TEORÍA DE MERCADO DE VIRTUDES Y DEFECTOS

La idea básica de la teoría de intercambio es que elegimos la pareja pensando que se adaptará a nosotros. Evaluamos y nos fijamos mutuamente en el atractivo físico, el nivel económico y el rango social de cada uno, lo mismo que en varios rasgos de la

personalidad tales como la amabilidad, la creatividad y el sentido del humor. Con la velocidad de un computador, sumamos
las calificaciones y si los números son aproximadamente equivalen-
tes, una luz verde se enciende y avanzamos. Según los psicólogos sociales, no solamente nos interesan la juventud, la belleza y el rango
social, sino la totalidad de la persona. Por ejemplo, el hecho de que
una mujer se encuentre pasada de años o de que un hombre tenga
un trabajo de baja categoría puede compensarse por el hecho de que
él o ella sean personas encantadoras, inteligentes o compasivas.

TEORÍA DEL RECONOCIMIENTO

Una tercera idea agrega otra dimensión al fenómeno de la
atracción. La teoría de la búsqueda del reconocimiento sostiene
que el factor importante en la elección de pareja es la forma en
que la relación con ese otro podría incrementar nuestra valoración de nosotros mismos. La pregunta que surge en este momento es: ¿Cómo afectará a mi ego el hecho de estar con esta
persona? Todos hemos experimentado orgullo cuando la presa más
apetecible de la reunión finalmente salía del salón con nosotros.

A este valor adicional que me confiere ser el elegido por el que
es codiciado por otros lo voy a llamar la búsqueda del placer
narcisista de la relación. El reclamo de una mirada privilegiada,
selectiva y puntual que quizás empezó con la necesidad de ser el
preferido de mis padres y sobre todo el amado de mi madre.
Porque la mirada de la madre no es remplazable. Tanto para los
hombres como para las mujeres, la madre representa la única
persona con quien alguna vez fuimos uno.

A partir de esta idea, Lacan cree que finalmente la búsqueda
permanente del ser humano es la de alguien que me pueda dar
lo que alguna vez tuve de mi madre, ser uno con el otro.

Su planteo es que en cada persona que encontramos buscamos este amor incondicional que creemos haber tenido con ella y la unión de nuestra vida intrauterina.

Por eso dice Lacan: "El amor es pedirle un imposible a alguien que no existe".

Es decir, te imaginás que el otro es el que no es y a ese alguien imaginario le pedís algo que es imposible: que sea uno con vos, que seas más importante en su vida que él mismo.

En definitiva, ser tan imprescindible para su existencia, que nunca te pueda abandonar...

TEORÍA SOCIAL

Desde el punto de vista sociopolítico, puede verse incluso al amor como una instancia de la dominación social de un grupo (hombres) sobre otro (mujeres), y esto se refleja en el idioma y la etiqueta socialmente construida. La teoría es a menudo atractiva para las posturas radicalizadas del feminismo, el cual plantea el amor romántico como un subproducto del patriarcado y, análogamente a la definición marxista de la religión (el opio de los pueblos), llega a decir que el amor es el opio de las mujeres y considera las relaciones sociales (familia, costumbres, idioma, política, instituciones) como reflejo de las estructuras sociales más profundas que dividen a la gente en clases, sexos, carreras y ni qué decir de la moda.

TEORÍA DEL ENRIQUECIMIENTO ESPIRITUAL

La visión espiritualista del amor incorpora las nociones místicas de todos los tiempos y culturas. Encontramos otro con quien compartimos la sensación de ser incompletos y nos valemos de nuestras ventajas para completarnos, para complementarnos, para formarnos. El contacto con el otro nos permite indagar en nuestras carencias, buscar, formarnos, darnos cuenta, cambiar, crearnos, descubrirnos mejores.

La pareja permite que yo me descubra y tenga el placer de ayudar a que el otro se descubra.

La pareja constituye, pues, un encuentro privilegiado en mi camino hacia mí mismo, un encuentro simultáneo con lo otro y con lo mismo. Se parte de uno para llegar a la unidad.

El encuentro en pareja da lugar a la novedad, un espacio compartido que propicia el conflicto y la creación de nuevos paradigmas.

Si, como ya dije, el encuentro con el otro es siempre una nueva oportunidad para encontrarse con uno mismo, el vínculo de pareja es en este sentido el mejor de los encuentros.

En este encuentro los dos marchamos hacia la meta de la individualidad, pero juntos.

TEORÍA DEL 1 + 1 = 3

El amor saca de su aislamiento a la personalidad individual conduciéndola al "nosotros" de la completud. La idea de la media naranja, fantasía de la pareja como una unidad, se apoya en esta concepción de ser uno con el otro, de que los dos renunciemos a nuestra identidad para construir un yo superior más elevado y poderoso.

Platón cuenta que los seres humanos fueron alguna vez mitad

masculinos y mitad femeninos, de hecho tenían dos caras, cuatro manos y genitales de ambos sexos. Esta unidad, parece ser, los volvía extremadamente poderosos, y estos hermafroditas empezaron a desafiar a los dioses. El Olimpo no era un lugar donde vivían deidades capaces de tolerar las rebeldías, así que los dioses decidieron matar a los humanos. Cuenta el mito que a último momento una toma de conciencia narcisista los frenó: "Si los matamos a todos no habrá quien nos adore y nos ofrezca sacrificios". Zeus ideó la solución: "Cortaré a cada uno de los humanos en dos mitades con vida propia, así su fuerza disminuirá y no habrá más desafíos". La idea fue aplaudida y la escisión tuvo lugar. Apolo volvió invisibles las heridas. Y los humanos divididos en hombres y mujeres empezaron a poblar la tierra. Sin embargo, cuenta la leyenda que el esfuerzo de todo el Olimpo no pudo evitar que quedara algo del recuerdo de aquella unidad y que por eso los seres humanos siguen buscando permanentemente su otra mitad, para recuperar su fuerza y completud.

En esta teoría buscamos acercarnos a aquellos que percibimos que serán capaces de sacrificar su identidad a cambio de que nosotros hagamos lo propio en beneficio de la constitución de la pareja.

TEORÍA DEL ROL COMPLEMENTARIO

Con aportes de muchas escuelas psicoterapéuticas, estas teorías intentan demostrar que la búsqueda de la pareja se encamina tendencialmente hacia las personas que sean más capaces de desempeñar el rol necesario para sostener nuestras neurosis. Es decir, buscamos a aquellos y aquellas con quienes reproducir la situación de conflicto internalizada que define quiénes somos o reafirma la vigencia de nuestro argumento de vida.

Así, para el planteo psicológico clásico las situaciones emocionales irresueltas en nuestra infancia configuran el trauma que da punto de partida a nuestro conflicto y abre la puerta a la repetición neurótica de la situación dolorosa. Para conseguirlo busco y encuentro personas a quienes pueda percibir como capaces de actuar de forma similar a los personajes de mi historia infantil. Quiero decir, personas suficientemente parecidas casi siempre a alguno de mis padres por identidad o por oposición.

Un gran trabajador de los condicionamientos de nuestra conducta, John Bradshaw, conmovió al mundo cuando desarrolló su concepto del niño herido. Simplificando al extremo la idea, se diría que cada uno de nosotros ha dejado la infancia con el registro del daño recibido a manos de los mayores (violencia, desprecio, desamor, maltrato) y hemos archivado esas lastimaduras en una estructura que Bradshaw llama "el niño interior", interiorización del niño que alguna vez fuimos que sigue sufriendo por aquellas heridas y busca sanarlas. Desde esta visión, si no me doy cuenta de reparar por mí mismo ese condicionamiento, terminaré eligiendo mi pareja entre aquellos que creo que pueden hacerse cargo de ese niño.

Eric Berne decía que anida en nosotros una especie de experto en psicología, él lo llamó "El pequeño profesor". Es tan intuitivo, decía el creador del análisis transaccional, que con una sola mirada es capaz de diagnosticar el juego que el otro juega y decidir si se complementa con el nuestro.

La teoría del complemento sustenta también de alguna manera la tesis desarrollada en nuestro libro *Amarse con los ojos abiertos*[12]. Nos acercamos por las afinidades pero nos mantenemos juntos por las diferencias, porque son ellas las que nos permiten utilizar los conflictos como herramientas de nuestro crecimiento y considerar al otro mi maestra o maestro cuando discutimos (en lugar de tratarlo como un enemigo), para poder enriquecerme con todo aquello de lo que el otro es capaz y yo no...

Y podría seguir enunciando teorías que intentan explicar el encuentro de dos que deciden armar una pareja. Pero hay un aspecto enigmático relacionado con la selección de pareja que ninguna teoría termina de explicar.

Durante el curso de tu vida, vos has conocido a miles de personas, haciendo un cálculo conservador, supongamos que varios cientos de ellas resultaron lo suficientemente atractivas físicamente o tenían el suficiente éxito como para llamar tu atención. Cuando reducimos este campo aplicando la teoría de intercambio social podríamos llegar a cincuenta o cien personas de este grupo selecto, quienes tendrían un "valor de puntos" combinado igual al tuyo o superior. Lógicamente, vos tendrías que haberte enamorado de varios cientos de personas. Y sin embargo, la mayoría de los individuos solamente se han sentido profundamente atraídos por algunas pocas personas. Conclusión: algo falta en las teorías.

Y creo que lo que falta es justamente lo inexplicable, el verdadero misterio, la magia.

Porque es ciertamente inexplicable que alguien "pierda la cabeza" por otra persona, que alguien no pueda pensar en otra cosa que el amado, que alguien llore durante semanas esperando un llamado de aniversario que no llegó... Estas emociones violentas e irracionales que pueden suceder únicamente cuando ese alguien está enamorado.

Es que estar enamorado no es amar.

Porque amar es un sentimiento y estar enamorado es una pasión.

Las pasiones, por definición, son emociones desenfrenadas, fuertes, absorbentes, intensas y fugaces como el destello de un flash, que son capaces de producir transitoriamente una exaltación en el estado de ánimo y una alteración de la conciencia del mundo del que la siente.

Hay que entender esto para poder diferenciar después el enamoramiento del amor.

Este caos emocional tiene, lamentable y afortunadamente, una duración muy corta: Digo lamentablemente porque mientras lo vivimos nos gustaría, a pesar de todo, permanecer en la fascinante intensidad de cada una de las vivencias, y digo afortunadamente porque creo que nuestras células explotarían si este estado se prolongara más allá de unas cuantas semanas.

Inmerso en esa pasión perturbadora, nadie puede hacer otra cosa que no sea estar, pensar o recordar a la persona de la cual está enamorada. Se trata pues de un estado fugaz de descentramiento (uno cree que el centro de la vida de uno es el otro), una especie de locura transitoria que, como dije, se cura sola y en general sin dejar secuelas.

Durante el tiempo que dura el enamoramiento (dicen los libros que entre cinco minutos y tres meses, no más), uno vive en función del otro: si llamó, si no llamó, si está, si no está, si me miró, si no me miró, si me quiere, si no me quiere...

Estar enamorado es enredarse en un doloroso placer, el de la disolución en el otro.

Si nos detuviéramos a pensarlo en serio nos daríamos cuenta de lo amenazante para nuestra integridad que sería vivir en ese estado.

Juan Carlos Benítez, un escritor costarricense, describe la felicidad de estar enamorado en un texto que creo maravilloso:

Cuando estaba enamorado, había mariposas por todas partes, la vo-luptuosidad de la pasión me carcomía la cabeza. Durante todo ese tiempo no escribí, no trabajé, no me encontré con los amigos. Vivía pendiente de los movimientos o de la quietud de mi amada; consu-mía montañas de cigarrillos y toneladas de vitaminas, me afeitaba dos y hasta tres veces por día; hacía dietas, caminatas. Me perseguía has-ta la certeza la paranoia del engaño, pensaba todo el tiempo en besar-la, en mirarla, en acariciarla. Durante semanas gasté demasiado di-nero, demasiada esperanza, demasiada crema para el sol, demasiada esperma y demasiado perfume. Escuchaba demasiada música clásica, utilizaba demasiado tiempo, consumí toda mi tolerancia y agoté has-ta la última de mis lágrimas. Por eso siempre digo recordando esos momentos: Nunca he sufrido tanto como cuando era feliz.

La confusión reinante entre estos términos, más la malintencio-nada idea de homologarlos, ha sido y es causante de horribles de-sencuentros en las parejas.

"Ya no es como antes...", "Las parejas con el tiempo se des-gastan..." y "No estoy más enamorado... me voy", son algunas de las frases que escucho en mi consultorio y leo en los medios, apoyadas en la idea de que los matrimonios deberían continuar enamorados "como el primer día". Es muy lindo pensarlo posi-ble, y a uno le gustaría creérselo, pero es mentira.

El estado ideal de una pareja no es el de aquellos primeros meses en que estaban enamorados, sino el de todo el tiempo en que se aman en el sentido cotidiano, verdadero.

Probablemente desde la fantasía, a mí me gustaría estar enamorado de mi esposa después de veinte años, porque es-tar enamorado es algo realmente encantador. Aunque, con toda seguridad, si yo estuviera enamorado de mi esposa, de verdad enamorado de mi esposa, en este preciso momento no estaría escribiendo este libro.

Si yo estuviera enamorado, sentiría que esto es perder el tiempo.

Si yo estuviera enamorado de mi esposa, en este preciso momento no tendría nada de ganas de estar acá, porque estaría pensando en estar allá, en encontrarme con ella, o en todo caso en escribirle un poema, pero siempre alrededor de ella, porque ella sería el centro de mi vida.

Cuando en un vínculo que comienza con esa pasión, estar enamorado da paso al amor, todo sale bien. De hecho nada mejor podría pasarnos.

Pero cuando no conduce allí, el desenamoramiento sólo deja detrás de sí una sensación de ciudad devastada, la ruina emocional, el dolor de la pérdida, el agujero de la ausencia.

Y uno se pregunta: ¿Por qué terminó? ¿Porque no era cierto? ¿Porque era poco? ¿Porque era mentira?...

No. Se terminó simplemente porque era una pasión.

En un vano intento de aportar algunos datos sobre la magia y sin ninguna posibilidad de saber por qué sucede, me atrevo solamente a establecer dos hechos que, sin lugar a dudas, son necesarios para que el enamorarse suceda:

1. El otro debe tener (o yo imaginar que tiene) una virtud o cualidad que yo (aunque sea por el momento) sobrevaloro. Quiero decir, eso que el otro es, tiene o hace me parece increíblemente valioso. (Si en ese momento de mi vida sobrevaloro la estética, me enamoraré de alguien que se ajuste a los modelos de belleza del momento; si en ese momento me parece fundamental el dinero, me enamoraré de alguien que tenga buena situación económica; y lo mismo con la inteligencia, el color de la piel, la simpatía, etc.)

2. Para enamorarme es imprescindible que yo tenga la predisposición "enamoradiza". Quiero decir, que yo esté dispuesto a perder el control racional de mis actos enamorándome. Si bien este concepto está en contra de nuestra idea de que enamorarme me pasa más allá de mi deseo, parece ser que esto es cierto después, cuando ya estoy enamorado. Es decir, antes, si yo no estoy dispuesto a dejarme arrastrar por la pasión, si no estoy decidido a vivir descentrado, si me niego a perder el control, el enamoramiento no sucede.

En una charla, una señora me preguntó si no podía ocurrir que uno hiciera centro en otro, no por estar enamorado, sino por no poder hacerse cargo de su propia vida. Yo le contesté que a simple vista puede parecerse, pero que es bien diferente.

Uno siempre sabe que está enamorado cuando está pasando, y sabe que el otro se volvió el centro de su vida por esa circunstancia. Cuando esto sucede porque soy un imbécil que no puede hacerse cargo de su propia vida, a los demás puede parecerles, pero no es lo mismo.

Una cosa es estar enamorado, otra cosa es ser un idiota irresponsable, son cosas diferentes.

Una cosa es ser un soñador y otra es no despertarse para ir al trabajo.

Una cosa es que yo te mire con ojos embelesados y parezca un bobo, y otra muy distinta que yo sea un bobo y que mis ojos parezcan embelesados.

Es verdad que cuando estoy enamorado a veces parezco un imbécil, pero no necesariamente lo soy. (Podría suceder que un imbécil esté enamorado, pero una cosa no debe deducirse de la otra.)

De todas maneras, y aunque aceptemos que no es un estado permanente, convengamos en que durante esos fugaces momentos de pasión uno parece abrir su corazón a otra realidad mayor y vive cada pequeño hecho con una intensidad que posiblemente añore cuando la pasión se termine. Al decir del poeta Antonio Machado.

En el corazón tenía
la espina de una pasión
Logré arrancármela un día
Ya no siento el corazón
...
Aguda espina dorada
quién te pudiera sentir
en el corazón...
clavada.

Estar enamorado y amar son dos cosas maravillosas, pero no hay que confundirlas.

Hay que entender que si bien la pasión de estar enamorado es maravillosa, en realidad amar no es menos maravilloso. Amar es fantástico porque si bien es verdad que no tiene la intensidad de las pasiones, seguro que no, tiene una profundidad de la que el estar enamorado adolece.

Es por esa profundidad que el amor es capaz de aportar estabilidad al vínculo pagando con la desaparición del embrujo y la fascinación. Porque se puede amar con los pies sobre la tierra, mientras que estando enamorado se vive en las nubes.

Lo cierto es que, me guste o no, el enamoramiento se acaba. Y cuando esto sucede con suerte vuelvo a centrarme en mí y desde allí puedo permitir que florezca el amor verdadero.

La más bella definición de amor que escuché en mi vida es la de Josef Zinker:

El amor es el regocijo por la sola existencia del otro.

La frase evoca un sentido casi supremo del amor, el más profundo y el más intenso.

Posible o no, éste será el objetivo más deseable: llegar a amar tanto que me alegre sólo por el hecho de que el otro exista.

¿Y no existe un *amor apasionado* que pueda durar toda la vida?

El otro día corregí a una paciente que hablaba de su noviazgo y me decía que estaba "perdidamente" enamorada de él.

Entonces yo le decía: qué lástima que no puedas decir "encontradamente" enamorada.

Amor apasionado es el nombre que le reservo a aquellos vínculos donde, amándonos tanto como para poder construir una pareja sin dejar de ser nosotros mismos, de vez en cuando podemos encontrarnos enamorándonos de esa misma persona con la cual vivimos desde hace años. Encontradamente enamorados.

Cuando esto pasa es siempre hermoso, aun cuando nuestros enamoramientos no coincidan en el tiempo.

A veces pasa que llego a mi casa feliz y sonriente y la veo a Perla distinta, está más linda, más joven, más comprensiva.

Me doy cuenta (por experiencia) de que estoy enamorado.

Y entonces con cara de no-sé-qué le digo "Hooooolaaaaa...", y ella me contesta "Hola". Y yo ya sé que esta vez no coincidimos.

Que esto ocurra no quiere decir que nos rechacemos mutuamente, sólo no hay encuentro desde ese lugar. Esa noche podremos charlarlo y quizás hacer el amor, pero no es como aquellas otras noches.

Cuando nos sorprendemos los dos enamorados cada uno del otro en el mismo momento, es grandioso. Durante el tiempo que dure (unos días o un par de semanas) sentimos la intensidad del enamoramiento más la profundidad del amor. Nuestra relación se ilumina y nosotros con ella. Todo es espectacular y maravilloso... Y pasa. Y volvemos encantados nada más y nada menos que al puro amor, ya sin la pasión, pero con las pilas llenas de ganas hasta el próximo romance.

Los re-enamoramientos ocasionales son la condición para mantener joven una pareja a lo largo del camino compartido.

Por supuesto que la lógica más simple nos puede informar que enamorarse no es algo que se puede programar y, por lo tanto, que encontrarse enamorado con el otro en el mismo momento depende del azar.

Nadie puede decir: "Bueno, yo tengo vacaciones en tal fecha, así que vamos a enamorarnos ahí". ¡No puede ser!

Y sin embargo ahí está la magia.

Igual sucede.

Sucede que él y ella se van de vacaciones, se sustraen del mundo cotidiano, se van a una playita lejana, solos porque los chicos ya son grandes y se fueron por su lado, y de pronto junto al mar algo pasa, de pronto la química olvidada que se quedó en aquel tiempo en el cual nos enamoramos renace. Y sucede que ella y él se vuelven a enamorar. Igual que antes pero diferente porque ellos son diferentes aunque convivan durante ese tiempo los seis: los dos que son, los dos que fueron, el sentimiento y la pasión.

Claro que cuando la pareja vuelve dice: ¡ah.... se terminó! Y le echa la culpa a Buenos Aires.

Pero no es cierto, se terminó porque de verdad era bueno que se terminara.

Muchas personas, especialmente mujeres, me dicen que sería bueno que ese enamoramiento no se terminara "al volver de la playita", que viajara con nosotros de vuelta a Buenos Aires. Yo creo que no. Creo que hay que dejarlo en la Patagonia, en Cancún, en donde sea y viajar nosotros hacia él cada vez que ambos lo deseemos.

No vivas acá pensando qué lindo era allá. Tampoco pensando qué lindo era cuando estábamos enamorados, añorando el pasado. Esto que sucede ahora, que es amor, es fantástico comparado con el desamor. Así que ¿por qué compararlo con lo que pertenece a otro club?

LAS PRUEBAS DEL AMOR: DEMOSTRACIÓN, FIDELIDAD Y CONVIVENCIA

DEMOSTRACIÓN

Uno de los temas que surgen cuando hablo de enamorarse, reenamorarse y amar de verdad, es la demostración, es decir, cuán demostrativo es el otro.

Siempre digo que demostrar quiere decir probar sin lugar a dudas que algo es verdad. Si yo tengo que demostrarte es porque parto de la idea que vos no me creés, de lo contrario no hay demostración necesaria.

Entonces pregunto: ¿Por qué tendría que demostrar que te quiero? ¿Para probártelo?

¿Quién es el que duda y necesita pruebas?

Si vos sos el que no creés este es un problema tuyo, no un

problema mío. ¿Por qué habría yo de demostrarte que te quiero?

Nadie "tiene que" demostrar nada.

Borremos de la frase el verbo demostrar, porque suena terrible.

Para mí, el reclamo de la demostración afectiva implica en sí mismo un sinsentido.

Si yo te dijera que tengo una cicatriz verde en la palma de la mano, vos podrías creerme o no creerme. Si me creés, lo hacés antes de que abra la mano. Porque si me creés sólo cuando abro la mano y la pongo frente a tus ojos, entonces le creés a tu vista, no a mí. Si yo tengo que demostrar que tengo una cicatriz verde en la mano, es porque no me creés, entonces te la muestro y luego vos pensás que me creés porque la viste. Pero seguís sin creerme, sólo le creés a tus ojos.

Nadie te puede demostrar el amor, porque en la demostración le creés a lo que ves, al otro no le creés nada. Otro tanto pasa con la palabra mostrar, que presupone que no ves.

Si de vez en cuando me decís *te quiero* para mostrarme que me querés, la verdad es que no me sirve, así que no lo hagas. Ahora, si vos me decís *te quiero* porque es lo que sentís, más allá de demostrarme nada, por favor no dejes de hacerlo, porque quiero que sepas que me place escucharte. Y a pesar de mi placer nunca lo hagas en función de mí, hacelo en función tuya y de tu sentir o no lo hagas.

No sirven los actos de amor dirigidos a que el otro se entere de que lo quiero.

"Mirá qué lindo lo que te regalé para tu cumpleaños, ¿viste cuánto te quiero?"...

Esta es una historia mezquina e irrazonable para conseguir que el otro devuelva con la misma moneda.

Claro que me encanta que me quieran, que la gente se acerque y me diga *te quiero*, pero no para mostrarme que me quiere, sino porque siente ganas de decírmelo. Basta de la aprendida historia absurda de decir *Te quiero* para escuchar *Yo también te quiero*.

"Tengo que acordarme de que tengo que comprar un regalo de aniversario, porque si no mi esposa va a pensar que ya no la quiero más".
(Agrego yo: Más que pensar, se va a dar cuenta).

Lo importante de toda relación interpersonal no es que yo te diga que te quiero, ni que te lo demuestre. Lo importante es si vos te sentís querido o no.

Por eso propongo que la próxima respuesta que des cuando alguien te diga *te quiero* sea:

Lo sé.

Cuando uno recibe esta respuesta del otro, siente que su sentimiento llega; no hay un eco enfrente, el otro lo registra. Y entonces uno cierra el círculo.

Hay que explorar esto.

Cuando otro me quiere y yo me siento querido, la sensación de satisfacción de ambos es grandiosa. Él siente que lo percibo; que lo registro; que, de verdad, lo que él siente es importante.

También puede quererme y no ser capaz de actuar lo que siente.

Hay gente que te manda flores todos los días y no te quiere nada. Y también hay gente que vive con otros que nunca han mostrado nada en toda su vida, y sin embargo se siente querida, gente que sabe que aunque el otro no haga las cosas que otros hacen, cuando lo mira a los ojos sabe.

Yo tengo un amigo entrañable que es un tipo de llamar por teléfono, de ocuparse y mostrar y actuar.

Me siento muy querido.

Y yo, que por ahí no soy tan actuador de esas cosas o estoy más ocupado, a veces me siento y le pregunto:

—*¿Vos sabés que yo te quiero mucho?*

Y entonces él me dice:

—*Sí, claro que lo sé... Vos sos así, yo ya lo sé.*

Y no está precisando que yo le diga, que yo lo llame, que me acuerde de su cumpleaños y que le mande un regalo, porque la verdad es que no le hace falta a nuestro amor.

Cuando hago alguna de estas cosas, entonces él registra y lo agradece.

¿Puedo querer al otro y que el otro no me quiera?

¿Puede ser que a mí me importe mucho del otro y que al otro no le importe nada de mí?

¿Por qué no?

Tengo un paciente que, harto ya de que su novia lo despreciara y lo dejara plantado y se fugara los viernes a la noche, un día le dijo:

—*Mirá, el viernes te espero en mi casa, si no venís esa noche no vengas más porque me voy a suicidar.*

Entonces ella le dijo:

—*¡Pero no! ¿Cómo te vas a suicidar? Escuchame...*

—*No hablemos más. Si no venís, vas a enterarte de mí por los diarios.*

El sábado a la mañana suena el teléfono en la casa de él. Mi paciente atiende.

—*Hola —escucha.*

Era la novia.

—*Hola, no viniste —recrimina él.*

Pausa. Ella contesta.

—*¡Cómo! ¿No te mataste?*

Sucede cotidianamente; no es forzoso ni obligatorio que al otro le importe lo que a mí me importa, o que al otro yo le importe tanto como él me importa a mí. Y hay que asumirlo.

Los suicidios relacionados con el amor no son pertinentes.

Se suicida por amor aquel que necesita tanto ser amado por el otro que no se quiere lo suficiente a sí mismo.

Se suicida por amor aquel que no puede soportar la idea de que la persona que tanto quiere no lo quiera.

El suicidio es en este caso una salida obviamente poco práctica y muy poco saludable.

Pero el mayor problema es que la gente utiliza la amenaza suicida para joder al otro.

La idea de amenazar con el suicidio para hacer sufrir, esta protesta a lo bonzo, es una de las pelotudeces que todos deberíamos dejar de pensar.

"Mirá cómo me mortifico por vos" o "Te quedás conmigo o salto por la ventana" constituyen planteos nefastos.

¿Cuál es la ganancia si el otro no te va a querer para disfrutar con vos, sino para que no te mueras? Se trata de un manejo de culpa. Y la culpa es un sentimiento inventado.

Estamos entrenados para tratar de manejar la conducta del otro. Si yo consigo que vos te sientas culpable, entonces estás en mis manos.

No hay que morir por el otro, sino vivir para disfrutar juntos...

FIDELIDAD

Estudiando psicología comparada para encontrar raíces de la conducta humana en la conducta animal, observamos algunos hechos muy simbólicos que sirven para pensar en nuestros hábitos monogámicos.

Estudiando cualquier especie nos encontramos con una norma: Cuando uno de los dos, el macho o la hembra, es más agresivo que el otro, la comunidad se organiza en harenes. Por ejemplo, entre los leones, donde el macho es más agresivo que la hembra, cada macho se aparea con varias leonas que "le pertenecen".

Entre las arañas, en cambio, donde la agresiva es la hembra, sucede al revés, cada hembra tiene varios machos que la sirven.

Ahora bien, si ninguno de los dos individuos de la especie es tendencialmente agresivo, entonces se organizan en comunidades. Todos los machos se relacionan sexualmente con todas las hembras y las crías pertenecen a la manada. Y cuando en una especie macho y hembra son agresivos, entonces el esquema tendencial es la monogamia.

Pensemos en nosotros. Trasladamos este esquema a la raza humana.

Aquellas culturas donde el hombre detenta cierta agresividad y tiene un lugar hegemónico respecto de la mujer, por ejemplo en las viejas culturas de Oriente, tienen una estructura donde el hombre tiene varias esposas. Por el contrario, en el mito de las amazonas, donde la mujer guerrera tiene el papel hegemónico, son las mujeres las que sostienen harenes de hombres.

En los años 60, durante el movimiento hippie en el mundo, partidario de la no violencia, hombres y mujeres vivían en comunidad, los miembros del grupo tenían relaciones no excluyentes entre todos y los hijos pertenecían a la comunidad.

La mayor parte de la sociedad se apoya en estructuras sociales monogámicas. ¿Qué te parece que dice esto de nuestra agresividad? Si yo necesito establecer que mi esposa es parte de mi territorio y mi esposa necesita establecer que yo soy parte del suyo, es razonable pronosticar que reclamemos la fidelidad de la monogamia.

Yo creo que se trata de una elección en cada momento, y que en este sentido no hay diferencia entre las mujeres y los hombres.

La fidelidad forma parte de nuestro desarrollo social, en esta cultura y en este momento es así; no me atrevo a asegurar que dentro de treinta años esto siga siendo vigente.

La palabra infidelidad viene de fidelidad, y fidelidad viene de fiel y fiel de fe.

Fiel es el que tiene o profesa una determinada fe, por eso los creyentes de una religión se llaman fieles. El fiel de la balanza se llama así porque es digno de credibilidad, porque es fiel al peso. Fiel es el que cree, infiel el que no cree.

Cuando una señora tiene una aventurilla con un profesor de tenis, por decir algo, o con un señor cualquiera, llegado el caso se dice que es infiel.

Ahora, infiel quiere decir que no cree. ¿En qué no cree? No cree que en su vínculo de pareja pueda encontrar lo que está buscando. Esta es la infidelidad.

Infidelidad es no creer que vas a encontrar en el vínculo que tenés conmigo lo que estás buscando y que lo vas a buscar en otro lado.

El que es infiel no le es infiel al otro, sino a su vínculo de pareja.

A veces es cierto que no encuentro en mi relación de pareja lo que estoy buscando. Siempre tengo dos posibilidades: elegir renunciar por lo menos transitoriamente a lo que estaba buscando o elegir no renunciar y salir a buscarlo. En la segunda posibilidad tengo que correr el riesgo que implica no creer en la pareja que armé.

Cuando mi abuela decía: "Busca afuera el marido lo que no encuentra en el nido", todos nos reíamos, nos parecía una chochera de la vieja. Y hoy, medio siglo después, me encuentro diciendo casi lo mismo...

Tanto un hombre como una mujer salen a buscar fuera del matrimonio, o fuera de la pareja, cuando creen que obtendrán algo que suponen que no pueden encontrar en su vínculo actual (a veces ese "algo" es pasión, romance y aventura, pero otras es peligro, novedad y juego).

La salida de buscar lo que me falta en otro no suele ser la salida que soluciona.

La idea de que al estar con otro u otra, donde no hay rutina y desgaste, todo va a estar fenómeno, es falsa. La verdad es que lo novedoso también se volverá rutina si yo no modifico mis actitudes.

A veces la motivación es más oscura.

Por ejemplo: Un señor de cincuenta y seis años un día se da vuelta, mira su historia y dice:

¡Qué vida de mierda!

Mira a un lado, ve a su esposa y dice:

¡Es culpa de esta bruja!

¿Por qué lo dice? Porque es más fácil pensar *es culpa de esa bruja* que pensar *yo soy un idiota*.

Y sigue el señor cincuentón con su soliloquio:

¿Cuándo empezó todo?

Cuando tenía veinticuatro años y me casé con esta boluda.

Y por culpa de ella llevé la vida que tuve hasta ahora.

¡Tengo que volver a buscar la vida perdida!
¿Dónde?
En una mina de veinticuatro que me haga recordar quién era yo a los veinticuatro.

Y siguiendo este mecanismo básico, sale a buscar el camino perdido.

Es siempre una actitud negadora la que culpa al otro de cagarnos la vida.

Y lo peor de todo (lo he visto) es que a veces la pareja cree que es así y lo justifica.

Obviamente, sin necesidad de estar buscando "una nueva vida", a cualquiera le puede pasar cruzarse con alguien, tener fantasías y sentir el deseo. Esto es así. Creo que hay que ser muy tonto o muy tonta para pensar que aquella persona a la cual uno ha elegido presumiblemente para toda la vida es la única en el mundo que nos erotiza, la única que nos genera fantasías, la única linda entre todas y demás.

Me parece que hay en el mundo otras personas que uno puede encontrar atractivas.

Ahora bien. Cada uno decidirá después <u>qué hace</u> con esas fantasías.

"Ah no, doctor, si voy a admitir que tengo estas fantasías y no voy a actuarlas esto sería una represión, no seguir adelante me puede provocar un trauma... yo lo leí en un libro..."

Yo creo que no, que es un tema de elección, que uno evalúa costos en diferentes momentos de su vida y elige. Puede elegir seguir adelante o no hacerlo, sin tener que padecer ningún trauma por eso. (Respecto de la represión, por supuesto que es un poco menor que la necesaria para negar las fantasías y anestesiar el deseo.)

Ahora, si me lo prohíbo por estar casado y vivo haciéndote responsable de todo el placer que me estoy perdiendo por culpa tuya, en algún momento te voy a pasar una factura. Y esto es espantoso. En tal caso sería bueno ver qué pasa con nuestro matrimonio y no qué pasa con mi deseo.

Lo que más me gusta de mi relación de pareja es que mi esposa y yo sabemos que cualquiera de los dos podría hacer una elección diferente.

Lo que nos gusta de nuestra relación es saber que nos elegimos mutuamente porque así se nos da la gana.

Esta es la verdadera historia de la fidelidad.

No es que yo viva en la pecera.

Yo sé que hay en el mundo mujeres más lindas que mi esposa, más altas que mi esposa, más inteligentes, y algunas hasta tienen más dinero, ya lo sé. Y supongo que mi esposa sabe que hay en el mundo hombres más altos, más flacos, más inteligentes, más buen mozos y que hablan mucho menos que yo...

Los dos sabemos esto. Lo que a mí me pasa es que yo no dejo de tener una aventura porque me lo prohíbe mi matrimonio, porque eso sería engañarla. Dejo de tenerla porque yo lo decido.

El pacto entre mi esposa y yo surge porque nosotros no queremos otra cosa, no porque nos sometemos a una ley que viene fijada desde afuera.

Mi esposa sabe, tan bien como yo, que no debería dejar de hacer nada porque yo estoy en su vida. En todo caso es una elección de ella, que ella haga lo que quiera, y yo haré después lo que me parezca, o lo que pueda. Si ella decide tener una aventura, después yo decidiré si quiero seguir teniendo una esposa que tiene una aventura o no, y ella decidirá, si yo tengo una aventura, si quiere o no seguir. De lo que estoy seguro es de que no cabría entre nosotros la mentira.

Estoy hablando de mi relación de pareja, cada uno puede hacer el pacto que quiera.

Este es el pacto entre nosotros, podríamos haber pactado otra cosa y pactamos esta.

Cualquier violación de ese pacto implica de alguna manera falsear al otro, implica una transgresión respecto de lo pactado.

Esto no tiene nada que ver con que yo pueda querer a otra persona, amar a otra persona y hasta sentirme atraído por otra persona. Lo que en todo caso tenemos entre nosotros pactado es no tener historias con esas otras personas.

No pactamos no sentir, porque sería estúpido no sentir. Sería estúpido que yo le diga a mi esposa: a partir de ahora vamos a pactar que ningún otro hombre te va a resultar más atractivo que yo. Lo que sí podemos pactar es que ella y yo no tengamos aventuras sexuales.

El pacto con la pareja puede ser verbalizado o implícito. La mayoría de las parejas que yo conozco tiene un pacto de fidelidad conyugal implícito. Yo creo que si no se pacta nada en contrario, el pacto establecido es éste.

Pero cuidado, porque hay parejas que no tienen este pacto. En Latinoamérica, en la mayoría de los matrimonios de clase media o media alta, el pacto virtualmente establecido es el de mutua fidelidad, pero el que realmente se lleva a la práctica es un pacto donde él tiene permiso de tener alguna aventura y ella no.

Este es el verdadero pacto establecido más allá de lo que se diga.

La prueba es que cuando él tenía una aventura, la familia, la sociedad, le decía a ella:

"Bueno, mirá, fue una canita al aire, lo tenés que perdonar, pensá en tu familia…"

Y cuando ella tenía una aventura, le decían a él:

"¿Te vas a quedar ahí, cornudo consciente? Sos un pelotudo…"

Esta es la historia del contexto doméstico, claramente un pacto diferente para el hombre que para la mujer. Posiblemente, la cultura quiere convencer a los hombres de que somos polígamos por naturaleza y a las mujeres de que son monógamas. Pero esto ha cambiado.

Las mujeres tienen sensaciones y registros, inquietudes sexuales no ligadas a los afectos, exactamente igual que a los hombres.

Que algunas mujeres se lo permitan y otras no se lo permitan, que crean que está bien o crean que está mal, que repriman o no repriman, es otra historia.

Pero el sexo sin amor existe, como existe el amor sin sexo, como por suerte existe el sexo con amor, y como por suerte existe nada, ni sexo ni amor, y todas estas cosas son las posibilidades de relación entre un hombre y una mujer.

Cómo no va a pasar que uno se sienta atraído, movido, inspirado o seducido por alguien que a uno le gusta, por qué no va a pasar. Esto no quiere decir que si uno encuentra a alguien que le guste tiene que salir corriendo a la cama, porque afortunadamente, si bien no somos los hacedores de lo que sentimos, sí somos dueños de nuestras acciones.

Repito, no somos responsables de las emociones, pero sí de lo que hacemos con las emociones.

Yo no puedo decidir si Fulana o Fulano me atrae o no me atrae, si lo quiero o no lo quiero, no es tema de mi decisión. Pero lo que hago con estas emociones sí forma parte de mi decisión.

Yo no puedo evitar sentirme atraído por la tal señorita que vive a la vuelta de mi casa, pero otra cosa es que yo no pueda evitar acostarme con ella. Por supuesto que puedo evitarlo, depende de mí. Eso es ejercer la libertad, y no ejercerla es decir: quisiera pero no puedo.

La verdad es que yo me acuesto con quien quiero y que mi esposa se acuesta con quien ella quiere, por eso es tan valioso que ella se acueste conmigo.

Si en lugar de esto mi esposa pensara que yo me acuesto con ella porque estoy obligado por el casamiento y porque no tengo ninguna posibilidad, ¿qué valor tendría que nos acostáramos juntos?

Sin la libertad de elegir no puede haber un vínculo amoroso.

Decir que es amoroso aquel vínculo donde los dos andan como perro y gato celándose, es una estupidez.
Decir que yo no confío en vos porque te quiero mucho, es una taradez.
Decir que en realidad te controlo, te celo y te persigo porque tengo mucho miedo a perderte, es una pavada.

Los celos tienen como motor las propias inseguridades.
Confío en lo que yo te quiero y me siento querido por vos, no ando teniendo miedo de que vos tengas una historia por ahí.

Con la fidelidad pasan cosas muy interesantes. A veces la gente cree que los celos son una expresión del amor, que si alguien no te cela debe ser que mucho no te ama, y que si alguien te ama te tiene que celar. Para mí son asociaciones absurdas.

Ambrose Bierce define los celos como un miedo que uno tiene de perder al otro, aunque agrega: si lo perdiera por lo que tiene miedo de perderlo no valdría la pena haberlo conservado.

Que yo deje de acostarme con otra señorita porque tengo miedo de que mi esposa se entere es una porquería para con mi esposa, porque en realidad esto no es una elección, y la verdad que el amor es algo tan importante, tan sólido, tan fuerte y tan maravilloso, que solamente puede estar estructurado sobre la libertad.

No tengo espacio para mostrarte que te quiero si no puedo mover un paso porque ahí estás vos controlando.

No se puede amar sin libertad, no se puede amar estando prisionero.

En general, la fidelidad tiene que ver con una pauta social que se establece desde la posesividad y, también, con una pauta personal.

Si ella y él deciden pactar que pueden tener aventuras extramaritales, ¿quién dice que no pueden?

Dado que no necesariamente el sexo está ligado al amor, las personas pueden tener un juego de seducción que no sea necesariamente por amor. Puede ser sexualmente puro.

Cada vez más hay parejas en el mundo donde la exclusividad no funciona y donde está establecido explícitamente que hay permisos sexuales pero no afectivos.

No en la Argentina, somos muy sicilianos para permitirnos esas cosas. Pero en países sajones, en algunos lugares de los Estados Unidos, en los países nórdicos sobre todo, el planteo es diferente.

Me la puedo imaginar a Ella diciendo:

"Querido, ya vuelvo, me voy a acostar con el señor de enfrente", y Él mientras enciende su habano dice:

"Cuidado al cruzar mi amor, que hay mucho tráfico"...

A mí no me parece ni bien ni mal.
La gente no pacta libertad sexual porque en general es posesiva.

No se trata de aceptar la fidelidad como una pauta estableci-
da socialmente, sino de abrir la puerta para que se quede el que
se quiera quedar y que salga el que quiera salir.
Y entonces confirmar que el otro se queda. Esto es lo maravilloso.

Ser fiel por norma no es un acto de amor, es un absurdo.

CONVIVENCIA

Convivir es mucho más que estar juntos, mucho más difícil,
mucho más desgastante, mucho más movilizador, mucho más...
La convivencia implica necesariamente la constitución de una
lista de pactos que mientras no convivíamos no eran necesarios.

Por eso la convivencia representa en sí misma una gran puesta a prueba para el vínculo amoroso. Es bien diferente que nos
peleemos y te lleve a tu casa y vuelva a la mía, o te corte el teléfono y no te llame hasta que se me pase, o no atienda el timbre
para ignorarte, que discutir a rabiar pero dormir en la misma
cama toda la noche.

Las parejas más jóvenes parecen haber tomado conciencia de estas dificultades y han diseñado pactos de convivencia transitoria.

Primero fueron las escapadas de vacaciones, después la convivencia desde unas semanas antes de casarse, luego se fueron a vivir juntos para después casarse, y ahora conviven en lugar de ca-

sarse. Esta evolución no me alegra, pero es lo que está sucediendo.

Yo creo que el establecimiento formal de un vínculo no puede ni debe ser motivo de burla. Mucho tiempo me llevó entender que casarse, tanto para hombres como para mujeres, cierra un ciclo que de otras maneras queda abierto. El casamiento es parte de un rito que separa un antes y un después.

Casarse o no casarse no cambia gran cosa de cara al futuro, quienes quieren separarse lo harán de todas maneras. Primero, porque el divorcio existe en la Argentina. Segundo, porque aunque el divorcio no existiera, ¿qué me podría retener a mí al lado de mi esposa si yo no quisiera estar con ella? ¿Qué juez va a venir a decirme: No, usted _tiene_ que vivir acá? Esto es estúpido, es ridículo pensar que estás obligado a vivir al lado de quien no querés vivir. Nadie puede obligar a nadie a quedarse donde no quiere.

La gente que quiere irse y no se va se queda porque no está dispuesta a pagar el precio.

El tema de los papeles ha dejado de ser importante con el paso del tiempo.

Nos hemos dado cuenta todos de que somos nosotros quienes decidimos nuestro lugar de residencia. Soy yo el dueño de mis relaciones.

Y si sucede que, por ejemplo, te enamoraste de alguien más allá de tu posibilidad, si no lo pudiste evitar y querés vivir ese amor, vas a venir, te vas a sentar conmigo y con mucho dolor me vas a decir: me pasa esto, y como me pasa esto quiero esto y pretendo lo otro.

Y se terminó. Entonces decidiremos qué hacer, y después... después veremos.

Porque no tengo dudas que si me querés, no vas a hacerme daño a sabiendas.

Hay cosas que ni hace falta pactar y hay cosas que sí.

Hace algunos años diseñé para una pareja de amigos un contrato conyugal. Esta serie de acuerdos y aseveraciones no funciona como una lista maniquea sobre lo que se debe y lo que no. Funciona como una referencia sobre la cual pensar los pactos que cada uno tiene explícitos o implícitos en el propio matrimonio.

CONTRATO CONYUGAL

Más allá del amor
por Jorge Bucay

1- <u>Definición.</u> El matrimonio es un compromiso afectivo, espiritual y social pensado para proyectar, compartir y disfrutar, en un marco seguro y trascendente.

2- <u>Duración</u>. El contrato se firma para toda la vida, pero el pacto debe ser renovado cada cinco años, debiendo renegociarse los términos. Si no hubiera acuerdo de un nuevo contrato, este convenio expira.

3- <u>Propiedad</u>. Las partes acuerdan definitivamente no considerar al otro como parte de sus propiedades. Se entiende que *mi esposa, mi marido* o *mi pareja* son términos coloquiales que no implican dominio.

4- <u>Vida en común</u>. La mayor parte del tiempo habitarán juntos. Las tareas serán compartidas. Los dos se abstendrán de regañar al cónyuge, aunque cada uno puede recordar al otro sus responsabilidades con tacto y delicadeza. Cada uno lavará su propia ropa interior.

5- <u>Dinero</u>. Marido y mujer compartirán a partes iguales la responsabilidad de los gastos, cada uno conservará su cuenta bancaria y abrirán una compartida para el proyecto en común. Si en la división de tareas uno de los dos generara más dinero que el otro, el ingreso será de todos modos compartido, disponiendo cada uno del dinero que necesite. Ambos evitarán decir al otro cómo y en qué debe gastar el dinero.

6- **Disputas**. Los desacuerdos no serán considerados nefastos. Dado que se trata de dos individuos diferentes, se da por sentado que habrá desacuerdos. En esos casos la pareja encontrará el tiempo para buscar un acuerdo. Si no lo encontrara acordarán el desacuerdo. Si hace falta una decisión urgente, se dará prioridad a la decisión del más capacitado o idóneo en el tema.

7- **Peleas**. Dado que los miembros son seres humanos y no máquinas, las disputas pueden generar discusiones y peleas. Las partes se comprometen a discutir sin faltarse el respeto ni psíquica ni físicamente.

8- **Comunicación**. Las partes se comprometen a estar siempre abiertas al diálogo. Él tratará de hablar con ella aunque esté enfadado y ella tratará de no castigarlo a él restringiendo el contacto físico.

9- **Sexo**. Queda claramente establecido que la sexualidad de la pareja estará regulada únicamente por el deseo. Ninguno de los dos se sentirá obligado nunca a satisfacer los deseos del otro salvo que esto satisfaga sus propios deseos. A todos los demás efectos se establece que ninguna conducta sexual está prohibida, es sucia o pecaminosa si ambos acuerdan explorarla.

10- **Fidelidad**. La pareja puede pactar libremente esta regla optando entre cualquiera de las siguientes posibilidades.

a) La relación sexual es excluyente.

b) Podría haber otras relaciones pero sin compromiso afectivo.

c) Cada uno decide libremente sobre sus relaciones extramaritales.

En b) y c) habría que acordar si estas otras experiencias deben contarse o deben ocultarse.

Cualquiera sea la opción, derechos y obligaciones serán idénticas para los dos.

11- **Niños**. La pareja tendrá hijos solo en caso de que ambos deseen tenerlos (y en el momento en que ambos coincidan en el deseo). Mientras tanto, los dos acuerdan que un aborto sería una decisión hiriente y por lo tanto será responsabilidad de ambos evitar un embarazo no deseado.

12- **Familias**. Cada uno tendrá con su familia de origen las relaciones que crea conveniente y aceptará la actitud que el otro tenga con ellos. Esto incluirá el derecho de cada uno de no dejarse presionar por sus suegros.

13- **Amigos**. Cada uno conservará sus amigos y amigas. No es imprescindible acordar ni hacer amistad con los amigos del otro, ni tampoco incluir los propios en la pareja.

14- **Control**. Cada uno renuncia expresamente a ejercer control sobre el tiempo, el aspecto, el cuerpo, los gustos y la forma de actuar del otro. Cada uno se hará responsable de sus acciones y de la acciones decididas en conjunto, pero no de las decisiones individuales del otro.

15- **Divorcio.** Cualquiera de los dos puede querer divorciarse cuando sienta que lo que han proyectado juntos ha perdido vigencia. El otro no se opondrá. Si existieran hijos menores, la pareja acuerda agotar los recursos para salvar el vínculo y proteger a los niños. Respecto de los bienes se acuerda que todo lo adquirido durante la vida en común será repartido y todo lo personal será conservado por cada uno.

16- **De forma.** Estos artículos podrán ser revisados a solicitud de cualquiera de los dos y modificados con el acuerdo de ambas partes. Violar alguna de estas cláusulas se considera suficiente causa para la ruptura del contrato y el infractor soportará como única pena el pleno derecho de su cónyuge de abandonar el vínculo.

17- **Firma del contrato**. El presente contrato no tiene ninguna validez jurídica, civil ni comercial. Es de uso exclusivamente privado y no puede ser esgrimido como argumento en un litigio. Para dejar esto claramente establecido debe ser firmado con la mano izquierda, sin ceremonia y sin testigos.

Fecha   /   /   firmas

¿Y hará falta tomarse tanto trabajo?

Contesto: Creo que sí.

Pero ¿no alcanza con el amor y con el deseo?

Contesto: Creo que no (aunque, sin lugar a dudas, es un maravilloso lugar desde donde empezar a compartir un camino).

Quizás deba aclarar una vez más que éste no es "EL PACTO CONYUGAL del matrimonio normal", sino sólo una idea. Habrá otras parecidas y diferentes. Habrá algunas más rígidas y otras más elásticas, adaptables a cada matrimonio y a cada momento del matrimonio. Habrá finalmente quienes piensen que no hay nada que pactar y menos por escrito, quienes consideren ridículo establecer normas de conducta acordadas, quienes se fastidien frente a la sola idea de un contrato conyugal... y quizás tengan razón. Hablo sólo de aquellas cosas que han servido para mi vida y de las señales que fui encontrando en MI camino. Las comparto... por si acaso.

Creo que la resistencia de algunos de nosotros a los pactos se debe a que los vivimos como si fueran las paredes de aquella prisión a la que me refería al principio.

Intento demostrar que no solo no es tal, sino que más bien es todo lo contrario.

Un pacto de respeto a la individualidad, un contrato de mutuo acuerdo explicitado y consensuado, un modelo renovable de convivencia, un conjunto de pautas que por definición son cuestionables y modificables permanentemente, lejos de esclavizar liberan. Más que transformarse en celda, un pacto se constituye en una llave de entrada y de salida de cada encuentro.

Faltaría contestarse, con toda sinceridad, si somos capaces de establecer una pareja pactando clara y definitivamente que no tenés por qué desear lo que a mí me gusta.

Y que nos debemos mutuo respeto por encima de todas las cosas.

Y que esto implica no solo aceptar sino HONRAR nuestras diferencias.

Y que la prisión no es tal porque una pareja es una elección de un lugar donde estar.

Y que la puerta estará siempre abierta (por lo menos para salir).

No solemos elegir voluntariamente esa libertad para nosotros, seguramente porque no queremos concedérsela a los demás; sin embargo, de todas maneras la tenemos porque la libertad es un derecho irrenunciable y una condición inevitable.

Aunque escojamos armarnos nuestras propias cárceles de ideas, levantando paredes y forjando rejas de acero detrás de las cuales nos sentiremos encerrados, claro, pero con la seguridad que solamente se puede obtener de lo previsible, de lo estático, de lo eterno. Aunque allí dentro me muera de asfixia, de angustia o de aburrimiento.

Queremos pensar que se ama una sola vez en la vida y para siempre, aunque sepamos que no es verdad. Preferimos retorcernos de miedo controlando lo que el otro hace cuando no estamos juntos y seguir aferrados a la idea de que no podríamos vivir el uno sin el otro, aunque sabemos que sin el amado la vida igual continúa aunque no continúe igual.

Y lo pensamos, en gran medida, porque hemos sido enseñados a creer en estas mentiras. Falsedades para sostener la idea de la prisión deseable, pero también para condicionar una forzada fidelidad o una machista exclusividad (hasta hace treinta o cuarenta años los hombres pretendían ser únicos en la historia de las mujeres de bien, y las mujeres se conformaban con ser la última de los hombres de bien).

En este aspecto nuestra medrosa educación ni siquiera ha sido equitativa. Las víctimas sindicadas de esta distorsión son las mujeres. Se hayan dado cuenta o no, gran parte de las mujeres de aquellos tiempos han sido condicionadas por esta idea de que la mujer tenía que conformarse con un solo amor y con un solo varón, para toda la vida.

Ángeles Mastretta le hace decir a uno de los personajes:

"Cuando la expectativa de vida de una mujer era de 45 años, con un amor era suficiente, pero ahora que una va a vivir como 80 ... con un solo amor no alcanza. ¡Por lo menos dos!"

La historia de que se ama una sola vez en la vida y para siempre es mentira.

Es mentira que sea necesariamente para siempre y es mentira que no pueda ser más que una vez en la vida.

Un día, por el caminito de un country, me cruzo con un señor que después de separarse de su primera mujer se había vuelto a casar. Yo lo conocí cuando todavía estaba casado con la primera. Aquella relación aparentaba ser espectacular. En un momento determinado, cada uno por su lado había dedicado toda su locuacidad a describir el amor que sentía.

En la mesa, mientras las mujeres traían unas empanadas, alguien le pregunta cómo le va con este segundo matrimonio, y él cuenta de lo mucho que ama a su segunda mujer. Cuando ese alguien, que había conocido su relación anterior, le pregunta si pudo dejar de amar a la primera para poder amar a la segunda, él responde:

—¡No! ¡Aquello no era amor, el verdadero amor es éste!

¿Por qué negar ese amor? Él no podía aceptar que había amado, que había dejado de amar y que ahora amaba a otra mujer. Tenía que desprestigiar el otro amor para poder darle lugar a éste. Los viudos y las viudas a veces hacen lo mismo, dicen: éste es el verdadero amor, el otro no lo era y ahora me doy cuenta; o peor: aquél era el verdadero amor y entonces no podré nunca volver a amar a nadie verdaderamente.

Me gusta remarcar que se puede amar a alguien, que se puede dejar de amar y que se puede después amar a otra persona.

En una de mis charlas, alguien me preguntó:
"¿Y no se puede amar a los dos a la vez?"

Tenemos mucho miedo a esta pregunta, porque si aceptáramos y asumiéramos que se puede amar a más de una persona a la vez, ¿qué sería de nuestra seguridad?

Si sostengo:

Que se ama una sola vez en la vida es mentira...

Que el amor está indisolublemente ligado al sexo es mentira...

Que el verdadero amor es eterno es mentira...

Si declamo:

Que no se puede volver a amar después de haber amado es mentira...

Que mis afectos dependen de mi voluntad es mentira...

Defenderme contándome la historia de los tipos de amores, es mentira...

Si, encima de todo, ahora dijera que es posible amar a más de una persona a la vez....

¿qué nos quedaría? ¿la catástrofe?

Es una posibilidad: la absoluta inseguridad sobre el futuro; por mucho que estemos juntos hoy, mañana no se puede saber.

Pero hay otra posibilidad: junto con las mentiras, desterrar también la idea de la catástrofe y valorar la relación que realmente uno tiene.

Porque...

Ahora que yo sé que no se ama una sola vez ni para siempre, me doy cuenta de que mi esposa bien podría haberme dejado de amar o podría dejar de amarme mañana...

Ahora que sé que el sexo no necesariamente está ligado al amor, me entero de que ella podría elegir con quién va a tener relaciones sexuales.

Ahora que sé que la persona que amo puede amar a más de una persona a la vez, me doy cuenta de que sentirme querido no garantiza que ella no ame a otros.

Ahora que yo sé que se deja de amar y que ella elige sobre su propia vida...

Ahora...

Cuando yo llego a mi casa y mi esposa realmente está para encontrarse conmigo y para amarnos, entonces le doy a ese encuentro el valor que tiene.

Ahora que sé todo esto, y estoy seguro de que ella lo sabe, la conciencia de nuestra libertad de elección lejos de ser una catástrofe es el pasaporte a una relación de pareja más plena y trascendente.

Si a pesar de la conciencia ella y él deciden seguir juntos, entonces es maravilloso.

Si negamos la conciencia de los hechos para sostener lo que ya no sucede, aparece la verdadera catástrofe.

—*Vieja* —*dice él*—, *¿por qué no matamos un pavo para nuestro aniversario?*

—*No me parece una buena idea* —*dice ella, que ya no lo aguanta*—. *¿Qué culpa tiene el pavo? ¿Por qué no matamos mejor a tu amigo José que nos presentó?*

Un matrimonio vivo es un vínculo donde todavía palpita la pareja y no un museo recordatorio de todo lo que fuimos, ni un panteón donde se guardan los restos de nuestra pareja muerta.

La única pareja posible es la que se da entre dos individuos iguales que deciden establecer un acuerdo y lo hacen. Rousseau dice que no estamos obligados a obedecer ninguna ley en cuyo establecimiento no hayamos participado.

La pareja es un pacto que nos une, y aunque todo pacto conlleva una cierta puesta de límites, este pacto no está en oposición a la libertad de cada uno; por el contrario, la observación del contrato y la posibilidad de revisarlo y repactar constituyen la libertad.

Son estos puntos de acuerdo con el otro los que nos vinculan como unidad.

Pero atención, esta unidad no es estática, está en continuo movimiento y cambio. Es imprescindible ir modificando lo pactado para mantener el equilibrio inestable que es el vínculo de pareja.

El cambio es constante y es gracias a él que seguir juntos tiene sentido.

PASAJE (Epílogo)

Este relato llegó a mis manos hace unos meses por Internet.

Contaba en aquel entonces una historia muy parecida a ésta, pero el sentido final del cuento era espantoso: de una maravillosa idea, alguien había hecho una horrible pancarta de discriminación y resentimientos; algo parecido a lo que ocurre entre algunos amados cuando el camino deja de ser el mismo.

Decidí pues, como tantas otras veces, reescribir el relato para que llevara el mensaje que yo le creía merecedor:

Esta historia nos lleva a la época del Rey Arturo y los caballeros de la mesa redonda, tiempo de hechicería y castillos de puentes levadizos, tiempo de intrigas y batallas heroicas, tiempo de dragones mágicos que arrojan fuego por la boca y de paladines de honor y valor ilimitados.

El rey Arturo había enfermado. En tan sólo dos semanas su debilidad lo había postrado en su cama y ya casi no comía. Todos los médicos de la corte fueron llamados para curar al monarca pero nadie había podido diagnosticar su mal. Pese a todos los cuidados, el buen rey empeoraba.

Una mañana, mientras los sirvientes aireaban la habitación donde el rey yacía dormido, uno de ellos le dijo a otro con tristeza:

—Morirá...

En el cuarto estaba Sir Galahad, el más heroico y apuesto de los caballeros de la mesa redonda y el compañero de las grandes lides de Arturo.

Galahad escuchó el comentario del sirviente y se puso de pie como un rayo, tomó al sirviente de las ropas y le gritó:

—Jamás vuelvas a repetir esa palabra, ¿entiendes? El rey vivirá, el rey se recuperará... Sólo necesitamos encontrar al médico que conozca su mal, ¿oíste?

El sirviente, temblando, se animó a contestar:

—Lo que pasa, Sir, es que Arturo no está enfermo, está embrujado.

Eran épocas donde la magia era tan lógica y natural como la ley de gravedad.

—¡Por qué dices eso, maldición! —preguntó Galahad.

—Tengo muchos años, mi señor, y he visto decenas de hombres y mujeres en esta situación, solamente uno de ellos ha sobrevivido.

—Eso quiere decir que existe una posibilidad... Dime cómo lo hizo ése, el que escapó de la muerte.

—Se trata de conseguir un brujo más poderoso que el que realizó el conjuro; si eso no se hace, el hechizado muere.

—Debe haber en el reino un hechicero poderoso —dijo Galahad—, pero si no está en el reino lo iré a buscar del otro lado del mar y lo traeré.

—Que yo sepa hay solamente dos personas tan poderosas como para curar a Arturo, Sir Galahad; uno es Merlín, que aun en el caso de que se enterara tardaría dos semanas en venir y no creo que nuestro rey pueda soportar tanto.

—¿Y la otra?

El viejo sirviente bajó la cabeza moviéndola de un lado a otro negativamente.

—La otra es la bruja de la montaña... Pero aun cuando alguien fuera suficientemente valiente para ir a buscarla, lo cual dudo, ella jamás vendría a curar al rey que la expulsó del palacio hace tantos años.

La fama de la bruja era realmente siniestra. Se sabía que era capaz de transformar en su esclavo al más bravo guerrero con sólo mirarlo a los ojos; se decía que con sólo tocarla se le helaba a uno la sangre en las venas; se contaba que hervía a la gente en aceite para comerse su corazón.

Pero Arturo era el mejor amigo que Galahad tenía en su vida, había batallado a su lado cientos de veces, había escuchado sus penas más banales y las más profundas. No había riesgo que él no corriera por salvar *a su soberano, a su amigo y a la mejor persona que había conocido.*

Galahad calzó su armadura y montando su caballo se dirigió a la montaña Negra donde estaba la cueva de la bruja.

Apenas cruzó el río, notó que el cielo empezaba a oscurecerse. Nubes opacas y densas perecían ancladas al pie de la montaña. Al llegar a la cueva, la noche parecía haber caído en pleno día.

Galahad desmontó y caminó hacia el agujero en la piedra. Verdaderamente, el frío sobrenatural que salía de la gruta y el olor fétido que emanaba del interior lo obligaron a replantear su empresa, pero el caballero resistió y siguió avanzando por el piso encharcado y el lúgubre túnel. De vez en cuando, el aleteo de un murciélago lo llevaba a cubrirse instintivamente la cara.

A quince minutos de marcha, el túnel se abría en una enorme caverna impregnada de un olor acre y de una luz amarillenta generada por cientos de velas encendidas. En el centro, revolviendo una olla humeante, estaba la bruja.

Era una típica bruja de cuento, tal y como se la había descripto su abuela en aquellas historias de terror que le contaba en su infancia para dormir y que lo desvelaban fantaseando la lucha contra el mal que emprendería cuando tuviera edad para ser caballero de la corte.

Allí estaba, encorvada, vestida de negro, con las manos alargadas y huesudas terminadas en larguísimas uñas que parecían garras, los ojos pequeños, la nariz ganchuda, el mentón prominente y la actitud que encarnaba el espanto.

Apenas Galahad entró, sin siquiera mirarlo la bruja le gritó:

—¡Vete antes de que te convierta en un sapo o en algo peor!

—Es que he venido a buscarte —dijo Galahad—, necesito ayuda para mi amigo que está muy enfermo.

—Je... je... je... —rió la bruja—. El rey está embrujado y a pesar de que no he sido yo quien ha hecho el conjuro, nada hay que puedas hacer para evitar su muerte.

—Pero tú... tú eres más poderosa que quien hizo el conjuro. Tú podrías salvarlo —argumentó Galahad.

—¿Por qué haría yo tal cosa? —preguntó la bruja recordando con resentimiento el desprecio del rey.

—Por lo que pidas —dijo Galahad—, me ocuparé personalmente de que se te pague el precio que exijas.

La bruja miró al caballero. Era ciertamente extraño tener a semejante personaje en su cueva pidiéndole ayuda. Aun a la luz de las velas Galahad era increíblemente apuesto, lo cual sumado a su porte lo convertía en una imagen de la gallardía y la belleza.

La bruja lo miró de reojo y anunció:

—El precio es este: si curo al rey y solamente si lo curo...

—Lo que pidas... —dijo Galahad.

—¡Quiero que te cases conmigo!

Galahad se estremeció. No concebía pasar el resto de sus días conviviendo con la bruja, y sin embargo, era la vida de Arturo. Cuántas veces su amigo había salvado la suya durante una batalla. Le debía no una, sino cien vidas... Además, el reino necesitaba de Arturo.

—Sea —dijo el caballero—, si curas a Arturo te desposaré, te doy mi palabra. Pero por favor, apúrate, temo llegar al castillo y que sea tarde para salvarlo.

En silencio, la bruja tomó una maleta, puso unos cuantos polvos y brebajes en su interior, recogió una bolsa de cuero llena de extraños ingredientes y se dirigió al exterior, seguida por Galahad.

Al llegar afuera, Sir Galahad trajo su caballo y con el cuidado con que se trata a una reina ayudó a la bruja a montar en la grupa. Montó a su vez y empezó a galopar hacia el castillo real.

Una vez en el castillo, gritó al guardia para que bajara el puente, y éste con reticencia lo hizo.

Franqueado por la gente de aquella fortaleza que murmuraba sin poder creer lo que veía o se apartaba para no cruzar su mirada con la horrible mujer, Galahad llegó a la puerta de acceso a las habitaciones reales.

Con la mano impidió que la bruja se bajara por sus propios medios y se apuró a darle el brazo para ayudarla. Ella se sorprendió y lo miró casi con sarcasmo.

—Si es que vas a ser mi esposa —le dijo— es bueno que seas tratada como tal.

Apoyada en el brazo de él, la bruja entró en la recámara real. El rey había empeorado desde la partida de Galahad; ya no despertaba ni se alimentaba.

Galahad mandó a todos a abandonar la habitación. El médico personal del rey pidió permanecer y Galahad consintió.

La bruja se acercó al cuerpo de Arturo, lo olió, dijo algunas palabras extrañas y luego preparó un brebaje de un desagradable color verde que mezcló con un junco. Cuando intentó darle a beber el líquido al enfermo, el médico le tomó la mano con dureza.

—No —dijo—. Yo soy el médico y no confío en brujerías. Fuera de...

Y seguramente habría continuado diciendo "...de este castillo", pero no llegó a hacerlo; Galahad estaba a su lado con la espada cerca del cuello del médico y la mirada furiosa.

—No toques a esta mujer —dijo Galahad—; y el que se va eres tú... ¡Ahora! —gritó.

El médico huyó asustado. La bruja acercó la botella a los labios del rey y dejó caer el contenido en su boca.

—¿Y ahora? —preguntó Galahad.

—Ahora hay que esperar —dijo la bruja.

Ya en la noche, Galahad se quitó la capa y armó con ella un pequeño lecho a los pies de la cama del rey. Él se quedaría en la puerta de acceso cuidando de ambos.

A la mañana siguiente, por primera vez en muchos días, el rey despertó.

—¡Comida! —gritó—. Quiero comer... Tengo mucha hambre.

—Buenos días, majestad —saludó Galahad con una sonrisa, mientras hacía sonar la campanilla para llamar a la servidumbre.

—Mi querido amigo —dijo el rey—, siento tanta hambre como si no hubiese comido en semanas.

—No comiste en semanas —le confirmó Galahad.

En eso, a los pies de su cama apareció la imagen de la bruja mirándolo con una mueca que seguramente reemplazaba en ese rostro a la sonrisa. Arturo creyó que era una alucinación. Cerró los ojos y se los refregó hasta comprobar que, en efecto, la bruja estaba allí, en su propio cuarto.

—Te he dicho cientos de veces que no quería verte cerca del palacio. ¡Fuera de aquí! —ordenó el rey.

—Perdón, majestad —dijo Galahad—, debes saber que si la echas me estás echando también a mí. Es tu privilegio echarnos a ambos, pero si se va ella me voy yo.

—¿Te has vuelto loco? —preguntó Arturo—. ¿Adónde irías tú con este monstruo infame?

—Cuidado, alteza, estás hablando de mi futura esposa.

—¿Qué? ¿Tu futura esposa? Yo he querido presentarte a las jóvenes casaderas de las mejores familias del reino, a las princesas más codiciadas de la región, a las mujeres más hermosas del mundo, y las has rechazado a todas. ¿Cómo vas ahora a casarte con ella?

La bruja se arregló burlonamente el pelo y dijo:

—Es el precio que ha pagado para que yo te cure.

—¡No! —gritó el rey—. Me opongo. No permitiré esta locura. Prefiero morir.

—Está hecho, majestad —dijo Galahad.

—Te prohíbo que te cases con ella —ordenó Arturo.

—Majestad —contestó Galahad—, existe sólo una cosa en el mundo más importante para mí que una orden tuya, y es mi palabra. Yo hice un juramento y me propongo cumplirlo. Si tú te murieses mañana, habría dos eventos en un mismo día.

El rey comprendió que no podía hacer nada para proteger a su amigo de su juramento.

—Nunca podré pagar tu sacrificio por mí, Galahad, eres más noble aún de lo que siempre supe. —El rey se acercó a Galahad y lo abrazó—. Dime aunque sea qué puedo hacer por ti.

A la mañana siguiente, a pedido del caballero, en la capilla del palacio el sacerdote casó a la pareja con la única presencia de su majestad el rey. Al final de la ceremonia, Arturo entregó a Sir Galahad su bendición y un pergamino en el que cedía a la pareja los terrenos del otro lado del río y la cabaña en lo alto del monte.

Cuando salieron de la capilla, la plaza central estaba inusualmente desierta; nadie quería festejar ni asistir a esa boda; los corrillos del pueblo hablaban de brujerías, de hechizos trasladados, de locura y de posesión...

Galahad condujo el carruaje por los ahora desiertos caminos en dirección al río y de allí por el camino alto hacia el monte.

Al llegar, bajó presuroso y tomando a su esposa amorosamente por la cintura la ayudó a bajar del carro. Le dijo que guardaría los caballos y la invitó a pasar a su nueva casa. Galahad se demoró un poco más porque prefirió contemplar la puesta del sol hasta que la línea roja terminó de desaparecer en el horizonte. Recién entonces Sir Galahad tomó aire y entró.

El fuego del hogar estaba encendido y, frente a él, una figura desconocida estaba de pie, de espaldas a la puerta. Era la silueta de una mujer vestida en gasas blancas semitransparentes que dejaban adivinar las curvas de un cuerpo cuidado y atractivo.

Galahad miró a su alrededor buscando a la mujer que había entrado unos minutos antes, pero no la vio.

—¿Dónde está mi esposa? —preguntó.

La mujer giró y Galahad sintió su corazón casi salírsele del pecho. Era la más hermosa mujer que había visto jamás. Alta, de tez blanca, ojos claros, largos cabellos rubios y un rostro sensual y tier-

no a la vez. El caballero pensó que se habría enamorado de aquella mujer en otras circunstancias.

—¿Dónde está mi esposa? —repitió, ahora un poco más enérgico.

La mujer se acercó un poco y en un susurro le dijo:

—Tu esposa, querido Galahad, soy yo.

—No me engañas, yo sé con quién me casé —dijo Galahad— y no se parece a ti en lo más mínimo.

—Has sido tan amable conmigo, querido Galahad, has sido cuidadoso y gentil conmigo aun cuando sentías que aborrecías mi aspecto, me has defendido y respetado tanto como nadie lo hizo nunca, que te creo merecedor de esta sorpresa... La mitad del tiempo que estemos juntos tendré este aspecto que ves, y la otra mitad del tiempo, el aspecto con el que me conociste... —la mujer hizo una pausa y cruzó su mirada con la de Sir Galahad—. Y como eres mi esposo, mi amado y maravilloso esposo, es tu privilegio tomar esta decisión: ¿Qué prefieres, esposo mío? ¿Quieres que sea ésta de día y la otra de noche o la otra de día y ésta de noche?

Dentro del caballero el tiempo se detuvo. Este regalo del cielo era más de lo que nunca había soñado. Él se había resignado a su destino por amor a su amigo Arturo y allí estaba ahora pudiendo elegir su futura vida. ¿Debía pedirle a su esposa que fuera la hermosa de día para pasearse ufanamente por el pueblo siendo la envidia de todos y padecer en silencio y soledad la angustia de sus noches con la bruja? ¿O más bien debía tolerar las burlas y desprecios de todos los que lo vieran del brazo con la bruja y consolarse sabiendo que cuando anocheciera tendría para él solo el placer celestial de la compañía de esta hermosa mujer de la cual ya se había enamorado? Sir Galahad, el noble Sir Galahad, pensó y pensó y pensó, hasta que levantó la cabeza y habló:

—Ya que eres mi esposa, mi amada y elegida esposa, te pido que seas... la que tú quieras ser en cada momento de cada día de nuestra vida juntos...

Cuenta la leyenda que cuando ella escuchó esto y se dio cuenta de que podía elegir por sí misma ser quien ella quisiera, decidió ser todo el tiempo la más hermosa de las mujeres.

Cuentan que desde entonces, cada vez que nos encontramos con alguien que, con el corazón entre las manos, nos autoriza a ser quienes somos, invariablemente nos transformamos.

Abandonamos para siempre las horribles brujas y los malditos ogros que anidan en nuestra sombra para que, al desaparecer, dejen lugar a los más bellos, amorosos y fascinantes caballeros y princesas que yacen, a veces dormidos, dentro de nosotros. Hermosos seres que al principio aparecen para ofrecerlos a la persona amada, pero que terminan infaliblemente adueñándose de nuestra vida y habitándonos permanentemente.

Este es el aprendizaje cosechado a lo largo del camino del encuentro.

> **El verdadero amor no es otra cosa que el deseo inevitable de ayudar a otro para que sea quien es.**

Mucho más allá de que esa autenticidad sea o no de mi conveniencia.

Mucho más allá de que, siendo quien SOS, me elijas o no a mí, para continuar juntos el camino.

NOTAS

1   *Buenos Aires, Ed. Sudamericana / Del Nuevo Extremo, 2000.*

2   *El presente libro.*

3   Cartas para Claudia, *Buenos Aires, Del Nuevo Extremo, 1989.*

4   *Buenos Aires, Del Nuevo Extremo, 1992.*

5   *Ob. cit.*

6   *Ob. cit.*

7   *El Dr. Jorge Bucay es médico, psiquiatra y psicoterapeuta gestáltico. (N. E.)*

8   *Buenos Aires, Del Nuevo Extremo, 1999.*

9   *En:* Cuentos para pensar, *Buenos Aires, Del Nuevo Extremo, 1999 (8ª reimpresión).*

10 *Ob. cit.*

11 *Periodista española radicada en Madrid.*

12 *Jorge Bucay / Silvia Salinas,* Amarse con los ojos abiertos, *Buenos Aires, Del Nuevo Extremo, 2000.*

Esta edición de 6.000 ejemplares
se terminó de imprimir en
Kalifón S.A.,
Humboldt 66, Ramos Mejía, Buenos Aires,
en el mes de enero de 2002.